모두를 위해 리드하라

공적리더십

공적리더십
; 모두를 위해 리드하라

초판 1쇄 발행 2020년 9월 7일

지은이 김경민 **펴낸곳** 크레파스북 **펴낸이** 장미옥

기획 · 정리 정미현 **디자인** 디자인크레파스

출판등록 2017년 8월 23일 제2017-000292호
주소 서울시 마포구 성지길 25-11 오구빌딩 3층
전화 02-701-0633 **팩스** 02-717-2285 **이메일** crepas_book@naver.com
인스타그램 www.instagram.com/crepas_book
페이스북 www.facebook.com/crepasbook
네이버포스트 post.naver.com/crepas_book

ISBN 979-11-89586-18-8 (03320)
정가 16,000원

이 도서의 국립중앙도서관 출판예정도서목록(CIP)은 서지정보유통지원시스템 홈페이지(http://seoji.nl.go.kr)와
국가자료종합목록 구축시스템(http://kolis-net.nl.go.kr)에서 이용하실 수 있습니다. (CIP제어번호 : CIP2020036639)

모두를 위해
리드하라

공적
리더십

글 김경민

크레파스북

모두를 위해 리드하라

공적리더십

견제와 감시에서 협력의 시대로

전 세계는 바이러스와 전쟁 중이다. 이 전쟁은 언제 끝날지도 모르고 이 후에 또 어떤 위기와 전쟁을 벌여야 할지도 모른다. 국가총력전의 시대가 된 것이다. 위기에 대응하는 국가들의 대응도 다양하다. 한 가지 확실한 것은 사회적으로 이전과 다른 새로운 패러다임이 필요한 대변혁의 시대가 되었고, 새로운 시대에는 새로운 리더십을 필요로 한다.

왕정시대가 종언을 고하고, 이후 자유시장경제가 강화하면서 기업과 정부는 상호 견제와 균형을 이루고, 정부와 기업의 힘이 상호 경쟁하며 시민사회와 국민을 섬기는 시대를 지나왔다. 세기를 넘는 이 견제와 갈등 속에서 다양한 형태의 사회 시스템이 발전하고 지금과 같은 글로벌시대의 질서를 낳았다.

21세기, 국가를 뛰어넘는 초연결 시대와 국경을 넘는 자유로운 무역, 그리고 디지털로 무장한 글로벌 조직의 등장으로 국가 내적인 견제와 분립이 더 이상 효력을 잃고 있다. 경쟁 무대가 달라졌다. 내부에서 서로 견제와 균형을 잡는 것이 의미가 없어졌다. 우리 사회는 이미 글로벌화 되었고, 세계화된 개방 무역과 경제, 사상과 법률, 교육과 문화 사회 속에 편입되어 있다. 견제와 통제의 시대를 넘어 협력과 상생의 시대가 된 것이다. 게다가 코로나19로 인한 국가 기능이 강조되면서 더더욱 기능 분립의 시대를 넘어 기능 협력의 시대로 접어들었다. 새 술은 새 부대에 넣어야 한다.

이 책은 이 사회의 모든 기관들이 서로 협력을 강화하기 위한 공동의 목적으로서 공적 가치란 무엇이고 그것을 수행해가는 과정에서 바람직한 리더십이 무엇인지 보여준다.

내가 아닌 모두를 위한 길

이미 여러 기관과 조직들이 전통적인 부서 중심의 기능 조직에서 고객 중심의 가치창출 조직으로 변모하고 있다. 정부 조직과 지자체도 개방형 직책이 늘어나고 변화에 필요한 다양한 인재가 영입되고 있다. 이전에 없던 서비스가 새롭게 등장하고, 현장에서 공직자들의 움직임도 이전과 다르다. 조직의 형태도 국민과 시민의 요구에 부응하기 위해 다양한 추진 본부 중심으로 이동했다. 민간 기업에서는 이미 제4차 산업혁명을 인지하면서부터 고객의 니즈에 따라 기민하게 기능을 재편하는 애자일 조직화와 다양한 TF, 프로젝트 조직화가 일어나고 있다. 사업의 구조조정과 M&A 등의 다양한 파괴와 협력이 반복하고 있다. 변화에 대응하고 살아남기 위한 몸부림이다. 그 중심에는 고객이 있다.

그러나 이런 변화는 여전히 단위 조직이나 기관 내의 변화에 머물러 있는 점에서 한계를 드러내고 있다. 이런 변화가 이제는 단위 조직을 뛰어넘어야 한다. 공공과 민간의 경계 역시 뛰어넘어 협력으로 발전해야 한다. 또한 중앙 정부와 지자체, 그리고 사회단체들의 총체적인 협력이 강화되어야 한다. 그래야 위기를 극복할 수 있다.

민간 기업을 바라보는 정부 기관의 시선도 보다 협력자 중심으로 변화해야 한다. 정부 기관과 민간 기업의 공동의 목적은 국민들의 삶을 보다 풍요롭게 하는 것이다. 경기를 통제하고 잘못하면 달려와서 휘슬을 부는 심판에서 트레이너이자 서포터의 역할을 강화해야 한다. 민간 기업도 정부 기관에 보다 더 적극적인 지원을 요청하고 투명하게 운영해야 한다.

이 책은 사회 각 기관들의 기능 분립을 넘어 협력을 경험한 나라와 기업의 사례를 소개하는 데 집중했다. 이런 사례를 통해 우리나라의 많은 공공과 민간, 가계에서 다양한 시도들이 일어나기를 기대한다. 이것이 공적 가치를 살리고 우리 사회의 전체적인 풍요와 신뢰를 증가시키는 일이다. 사회에 신뢰가 증가해야 통제의 비용이 창조의 비용으로 전환할 수 있다.

공적 가치에 함께 힘을 모아야

이 책은 사례를 중심으로 하고 있다. 리더십에 관한 이론보다는 다양한 사례로써 독자들이 스스로 다양한 인사이트를 얻고 생각하기를 기대한다.

첫 챕터에서는 공적 가치의 흐름에 주목했다. 변화한 시대에 조직의 존재 방식이 아니라 목적과 방법론에서 무엇이 중요한지를 강조했다. 그리고 다섯 가지의 공적 가치의 지향점을 제시했으며, 이를 수행함에 있어서 중요한 공적가치 방법론을 알려준다. 두 번째 챕터에서는 앞서 소개한 공적 가치 지향점의 요소들을 설명하고 그에 따른 사례를 살펴보았다. 사례의 신선함을 위해 주로 해외 기업들의 소개했다. 마지막 챕터에서는 공적 가치를 이루어가는 방법론에 대한 사례를 들여다보았다.

이 책은 자료의 조사와 취합에 가인지캠퍼스 손창훈 연구원의 수고가 컸다. 이 책이 민간과 공공, 가계의 공적 가치에 대한 관심과 논의가 증가하길 기대하며, 이분들의 수고에 대한 보답이 되었으면 한다.

특별히 조직의 형태를 구별하지 않는 총체적인 협력이 민간과 공공, 그리고 가계에서 일어나길 바란다. 지금은 존재 형태를 구분하지 않아야 한다. 역할 분담과 분업의 시대를 넘어 협력과 협업의 시대가 되었다. 전 세계 국가들이 위기에 직면해 국가 단위의 협력을 강화하고 있다. 우리도 국가와 국민, 그리고 세계를 위한 공적 가치를 위해 총체적인 협력을 강화해야 한다.

공공 기관과 단체에서는 민간과 협력을 담당하는 부서와 리더들이 함께 읽고 국민과 지역의 발전을 협력하는 아이디어를 나누는 계기가 되길 바란다. 기업에서는 마케팅부서나 사회공헌팀, 혹은 재단과 연계한 프로젝트가 많이 일어나길 기대한다. 물론 제품개발이나 영업부서에게도 도움이 될 아이디어를 담고 있다. 사회단체와 자치단체에서는 회원 및 주민들과 함께 만들어갈 프로젝트 아이디어를 논의하고 제시하는 데 이 책이 유용하게 사용되길 기대한다.

우리는 민주와 참여의 시대를 살고 있다. 창조적인 대안과 실행을 하는 사람에게 기회는 열려 있다.

2020년 9월

김경민

CONTENTS

chapter 3 ◉ 모두를 위해 리드하라

공적 가치 시대의
리더십

변화하는 기업가정신
나를 키우고 모두를 살리는
더불어 나아갈 길
공유하고 공존하는 리더

01

변화하는
기업가정신

공적 가치와 사적 가치

공적 가치의 시대가 왔다. 우리 사회의 전반적인 영역에서 공적인 가치를 무시하고서는 어떤 개인이나 조직도 사랑받기 어려운 시대다. 공공 조직뿐 아니라 민간 조직에서도 동일한 수준의 공적 가치가 요구되는 시대가 되었다.

공적 가치가 대두된 배경에는 이데올로기, 정치, 행정, 사회, 경제, 환경적 문제를 극복하기 위함이 있었다. 우리 사회가 집적화, 고도화되면서 공적인 가치, 공적 책임, 공공가치 등에 대한 관심이 증대되는 현실이지만, 공적 가치에 대한 논의는 아직 체계성이나 실천적 구체성이 충분하지 못하다.

초기에는 공적 가치를 추구하는 조직이나 기관, 단체를 설립해 사적 가치를 추구하는 조직에 대한 견제와 균형을 목적으로 출발했다. 그래서 이른바 비영리단체, 공공기관, 공기업, 사회적 기업, 사회적 협동조합 등의 다양한 방식으로 공적 가치의 실현을 추구했다.

하지만 이런 형태에 의한 구분은 오히려 불필요한 조직 과잉을 불러왔고, 야심차게 시작했다가 수그러든 사례들을 만들었다. 우리 주변에서도 좋은 취지와 목적을 갖고 시작했으나 얼마 지나지 않아 사라진 기관이 적지 않다.

이에 대한 반성으로 공적 가치는 별도의 기관이 추구하는 것이 아니라 우리 사회의 모든 기관이 공동으로 추구해야 할 선(善)으로 간주되기 시작했다. 공공기관뿐 아니라 민간기관, 비영리단체와 봉사단체에서만 추구하는 것이 아니라 상업법인과 개인사업자 등 우리 사회의 모든 기관이 추구해야 할 선으로 간주되기 시작했다.

공적 가치는 이제 더 이상 특정한 기관에서 추구하는 것이 아니라 우리 사회에 속한 모든 개인과 단체, 법인이 추구해야 할 몫이 되었다. 공적 가치는 더 이상 특정 기관의 전유물이 아니라 우리 사회의 모두가 추구해야 할 가치다.

영역이 아니라 목적의 문제

과거에는 공적 영역과 사적 영역이 엄격히 분리되어, 공적 영역이 하는 일과 사적 영역이 하는 일이 다른 가치로 평가되어 왔다. 예를 들어 국가, 비영리단체, 상업법인, 민간기업, 지방자치단체가 각기 다르게 일해야 한다는 일종의 경계적 사고가 지배했다.

조직을 운영할 때도 부서별, 사업부별, 기능별로 나뉘는 기술 중심 사회였다. 그래서 민간이 하는 일을 국가가 관여했을 때 침범으로 간주했고, 국가가 하는 일에 민간조직이 침범했을 때 소음이 발생했다.

최근 코로나19 전파로 인한 마스크 문제는 공적인 영역인지 사적인 영역인지 구별하기가 힘들었다. 국가와 민간이 협력해야 하는 일들이 생겼고, 다양한 집단이 서로 협력할 일들이 생겼다. 협력이 잘 일어난 국가가 문제를 잘 극복했고, 협력이 이루어지지 않은 나라들은 여전히 어려운 상황에 놓여 있다.

이처럼 비즈니스는 영역에 따라 공적인지 사적인지 규정되는 것이 아니라 추구하는 목적에 따라 재편성된다. 오늘날은 국가와 민간기관이 협력하거나 지방자치단체와 지방기업, 공무원과 비영리단체 등이 협력해서 공동의 목적을 향해 협력하고 프로젝트를 함께 한다.

그래서 국가기관에 속해 있다고 공적 가치를 추구하고 민간기업에 있다 해서 사적 가치를 추구한다는 패러다임은 적절하지 않다. 지금은 기존 패러다임을 바꿔야 한다.

조직의 존재 방식이 공적 가치가 아니라 추구하고 지향하는 바가 공적 가치다. 그리고 공적 가치의 반대말은 사적 가치다. 공무원 조직에 있다고 해서 공적 가치만을 추구하는 것은 아니며 사적인 가치 또한 추구할 수 있다. 그러나 공무원이 사적 이익을 추구할 때 국민으로부터 저항을 받는다. 민간이 사적이고 국가기관이 공적인 개념이 아니다.

우리가 그토록 분노한 이유

민간기업이 공적인 가치로 시작했지만 사적인 이익으로 무너진 여러 경우가 있다. 그중 대표적인 사례가 '옥시 가습기 살균제 사건'이다. 가습기 살균제 사건으로 많은 피해자를 일으킨 옥시레킷벤키저는 수년간 기업의 책임을 회피해왔다.

옥시의 가습기 살균제로 인해 확인된 피해는 사망자 239명, 피해자 1,528명으로 보고되어 있으며 그 이후에도 원인이 불명확한 소아 급성 간질성 폐렴으로 고생하는 잠재적 피해자가 수없이 많다.

옥시도 '세상 사람들의 건강 증진과 삶의 질 향상'이라는 공적 가치를 둔 기업 비전을 갖고 있었다. 하지만 그 비전이 비윤리적인 경영 환경에 심어졌을 때 우리는 탐욕스러운 이윤에만 집중한 결과가 무엇인지 깨닫는다. 옥시는 민간기업이면서도 사적인 이익을 추구한 대표적인 사례다.

공적 가치를 지향하는 국가가 사적인 이익을 추구한 사례도 있다.

독재정권으로 국민들이 고통 받고 있는 베네수엘라가 그렇다. 베네수엘라 볼리바르 공화국, 약칭 베네수엘라는 남아메리카 북부 카리브해에 면한 국가다.

베네수엘라는 1998년 우고차베스가 대통령으로 선출된 후 수 년 동안 독재정권이 이루어졌고, 그가 사망하자 후계자로 지명된 니콜라스 마두로 대통령이 현재 베네수엘라를 통치하고 있다. 이어지는 독재정치로 인해 국민들의 경제는 대폭락했고, 빵 한 조각을 사기 위해 돈을 한 다발 갖고 가야 하는 상황이 현재 베네수엘라의 현실이다.

300만 명의 국민이 해외로 탈출했으며, 베네수엘라의 경제 참상에 중남미 국가들은 물론 미국이나 유럽 국가들이 인도적 지원을 제의했지만 마두로는 이런 인도적 지원을 받으면 내정간섭의 미끼가 된다며 거절했다.

중남미 국가들 중 가장 풍요로운 곳이었던 베네수엘라를 이 모양으로 만든 건 독재정치 때문이다. 독재정치로 인해 치르는 결과는 가혹했다. 이렇듯 베네수엘라의 오늘은 국가가 사적 이익을 추구했을 때, 즉 공적 가치를 지향하지만 그 과정에서 사적인 이익을 추구했을 때 일어나는 결과를 잘 보여준다.

공공조직이 공적 가치를 지향하고 민간조직이 사적 가치를 지향하는 것이 아니다. 공공조직이든 민간조직이든 존재 방식이 공적 가치를 규정하지 않고 의도와 목적에 따라 달라진다는 것을 알 수 있다. 공공조직, 공무원, 공기업, 공공기관에 있다고 공적 가치를 지향하고 있다는 오해에서 벗어나라. 반대로 민간기업에 있다고 사적 가치를 추구한다는 비난으로부터 벗어나야 한다.

공적 가치를 지향하는 민간조직이 있고, 사적 가치를 추구하는 공공조직도 있다. 독재정부나 과거 왕정 시대에는 공적조직이라고 간주되지만 조직 내부에 목적이 있었다. 공무원들이 잘 먹고 잘살기 위해 국민들을 억압하는 시절이 있었고, 민간기업에도 공적 가치를 추구하며 사람과 사회를 이롭게 하기 위해 사회에 필요한 일을 하는 기업들이 있었다. 공적 가치는 존재 방식이 아니라 추구하는 목적에 따라 달라질 수 있다.

공적 가치를 추구할 때

공적 가치를 추구할 때 공동선의 추구, 인류문제 해결, 환경, 지역개발, 다음세대 등 다섯 가지 영역으로 나타난다. 우리는 이어지는 다음 장들에서 이 다섯 가지 영역이 어떻게 공적 가치를 발휘하는지 다양한 사례로 살펴볼 것이다.

공적 가치는 공공에서 가치가 있다고 평가하는 것을 뜻한다. 이를 달성하려면 공공 영역에서는 자원과 자유를 희생할 의도를 갖고 있어야 한다. 즉, 공공에서 바람직스럽다고 말하는 것이 공적 가치가 되는 것이 아니라 공적 가치를 달성하려면 자본, 국가를 강제적 권력의 인정, 사적 정보의 제공, 시간 제공, 기타 개인적 자원 등을 희생할 의도를 갖고 있어야 공적 가치가 될 수 있다. 이는 공적 가치가 기회비용을 담고 있음을 의미한다.

공적 가치의 달성은 시민권자로서 자유와 평등 · 협력 · 공존 등의 공동선의 역량을 요구한다. 공적 가치는 인류문제를 해결하고, 환경을 생각하며, 지역개발로 사회적, 경제적 그리고 지역적 응집성을 강화한다. 사회 자본을 생성하고 다음세대를 위해 지속 가능한 발전과 사회적, 환경적 그리고 기술적 혁신을 지원해 사람을 우선시하는 민주적 가치를 실현한다. 분명한 사실은 성숙한 시민사회가 등장하면서 사회 혁신이 이루어지고 있다. 이에 공적 가치와 공적인 책임에 대한 관심과 중요성, 필요성이 논의되는 만큼 공공부문에서 공적인 가치 및 실현에 대한 고민이 필요하다. 공적 가치는 인류 모두가 가지고 있는 가치다. 공공의 영역에서 이윤을 넘어 공동의 상생을 추구하는 가치이며 이것이 공적 가치다.

공공의 이익과 공동체 발전에 기여하는 공적 가치는 국가가 추구해야 할 기본 목적과 태도이며, 정부가 인권과 안전, 사회적 약자 배려 등의 방안을 담은 공공기관의 공적 가치 실현에 관한 기본법안(사회적 가치 기본법) 제정을 추진하는 것도 이런 이유다.

우리 사회가 이윤만을 좇는 시대에서 상생을 추구하는 공적 가치의 시대로 빠르게 전환하고 있지만 여전히 전문성이나 사회적 인식이 부족하다는 지적도 이어진다. 민간사회뿐 아니라 공공부문과 기업부문, 국내를 넘어 아시아와 글로벌 차원에 이르기까지 사회적 경제 논의와 담론이 확산, 수용되고 있다. 새로운 '공적 가치의 시대'가 왔다.

02

—

나를 키우고
모두를 살리는

리더십은 역할에 대한 이해에서 온다

리더십이란 무엇인가? 리더십은 역할에 대한 이해의 문제다. 리더십에 대한 정의만큼 다양한 개념도 없을 것이다. 리더십의 개념은 지속적으로 변해왔으며 함축적인 의미를 담고 있다.

리더십의 'lead'는 바이킹의 언어에서 유래한 단어로, '배의 방향을 정하는 사람'을 뜻한다. 그래서 리더가 배를 목표로 하는 방향으로 이끄는 선장이라면, 리더십은 그 선장이 행사하는 영향력과 작용을 의미한다. 이를 조직의 관점에서 정리하면 리더는 조직의 목표를 달성하기 위한 방향을 정하고, 리더십은 그 구성원들이 함께 목표를 달성하도록 영향력을 미치는 과정 전반을 의미한다. 어떤 한 가지 능력이나 권한을 의미한다기보다 누구에게 영향력을 미치는지, 어느 정도 영향력을 미치는지, 무엇을 위해 영향력을 행사하고 어떤 방식으로 사용하는지, 언제 발현되는지, 리더십을 발휘해 그 결과와 연결되는지 등 일련의 과정을 모두 포괄하는 개념을 담고 있다.

또한 리더와 다른 사람들과의 관계를 형성하는 것이 리더십에서 매우 중요한 요소이므로 이러한 관계 형성 방식도 블로그, 소셜 네트워크와 같은 기술을 통해 변화, 발전하고 있다.

리더십은 다양한 개념으로도 정의되었다. 베스트셀러 작가이자 목사인 존 맥스웰은 책 《당신 안에 잠재된 리더십을 키우라》에서 "리더십이란 영향력이다. 영향력이란 나와 다른 사람의 삶에 변화를 일으키는 강력한 힘이다."라고 말했다.

그밖에도 리더십에는 다양한 개념이 존재한다. 리처드 엥글은 리더십은 명확한 비전과 구체적인 가치를 바탕으로 실제 일을 이루어 내는 환경을 만드는 것이라고 했으며, 제이콥스와 자크스는 리더십은 의미 있는 가치를 포함한 공동의 목표를 달성하고자 노력하고 그 노력을 배가시키는 일련의 과정이라고 말한다. 한편 '기업 문화의 아버지'로 인정받고 있는 에드거 샤인은 리더십은 조직문화의 밖, 즉 외부환경을 관찰하고 이를 잘 받아들여 변화하고 발전하는 준비를 갖추는 능력이라고도 설명한다.

이렇듯 리더십은 시대별로 논의되어 왔다. 비단 공공분야에만 국한된 과제가 아님은 누구나 다 아는 사실이다. 최근 등장한 리더십 개념은 '공적 리더십'이다. 산업이 발달함에 따라 리더십도 변화되었지만 대중에게 사랑받는 리더와 기업들에게는 공통적인 속성이 있다. 민간부문의 리더십과 공적 부문의 리더십은 부문의 특성 차이가 있었지만 현재 모든 영역에서 리더십 경계가 무너졌다.

공적 리더십은 시대 변화를 선도하고, 공공 영역과의 소통을 중요시하며, 무엇보다도 공공의 선을 가장 중요한 가치로 삼는다. 앞으

로 모든 구성원은 공적 리더십을 함양함으로써 조직의 성장과 공공
부문의 영향력을 끼치며 세상을 좀 더 가치 있는 세상으로 만들 수
있다.

최근 공공부문 리더십이 경제협력개발기구(OECD)의 중요한 과제
로 부각되고 있다. 이런 이유 중 하나는 리더십이나 리더의 개념이 과
거 전통적인 것과는 달리 새롭게 정립되어야 한다는 측면을 들 수 있
다. 우선 리더십의 초점이 달라지고 있다. 오늘날처럼 분권화되고,
지식 집약적이며, 네트워크 사회에서는 명령과 통제가 우선시되던
고전적 리더십이 더 이상 통하지 않는다. 오늘날 공공부문 리더는
부하의 단순한 순응이 아닌 적극적인 참여를 유도해야 하며, 권위에
의존해서가 아니라 어떻게 하면 추종자들에게 효과적으로 영향을 미
칠 것인가에 관심을 두어야 한다.

우리 시대의 영향력, 보편적 공적 리더십

공적 리더십이란 리더십을 발휘할 때 공적인 가치를 추구하는 것이다. 과거 공적 리더십은 공적인 조직에 있는 사람이 발휘하는 리더십이라 규정되어 왔으며, 민간기업에서 발휘되는 리더십은 사적 리더십이라 규정했다.

이와 달리 공적 가치를 추구하는 기관이 공공기관뿐 아니라 민간기관도 추구하는 보편적 공적 가치의 시대에는 리더십 역시 소속에 의해 구별되어서는 안 된다. 공공기관에서 사적 리더십을 발휘하는 리더가 존재할 수 있다. 국가기관도 공적인 방법을 사용하지 않고 사적인 방법으로 리더십을 발휘할 수 있다.

자신이 공공기관에 있다고 해서 그 리더십이 공적 리더십이라고 자위해서는 안 된다. 동시에 민간 기관의 리더라고 해서 사적 리더십을 발휘해도 된다고 생각해서는 안 된다. 민간기업에서 리더십을 발휘할 때도 추구해야 할 공적 리더십의 중요한 요소가 있기 때문이다. 목적이 옳으면 방법이 어떠하든지 상관이 없다는 인식이 용인되던 때도 있었다. 하지만 지금은 목적이 수단을 정당화하는 방식이 사회 공동체에 얼마나 해악을 끼쳐왔는지 경험적으로 배웠다. 목적이 정당하다면 방법 또한 정당해야 한다. 공적 가치를 추구하는 조직은 공적 리더십을 발휘해야 한다.

공적 리더십의 구별은 그 경계가 무너졌다. 그리고 공적 리더십은 공공기관의 전유물이 아니며, 보편적 공적 리더십의 시대가 되었다.

공적 리더십을 발휘하는 데에도 다섯 가지 영역이 나타날 수 있다. 윤리, 구성원들의 참여, 파트너와의 공존, 경쟁자와의 상생 그리고 지역사회와 동반하는 것이다. 이들 요소를 추구하며 리더십을 발휘하는 것이 공적 리더십이다.

조직 내부에 이익을 위해 리더십을 발휘하는 사적 리더십도 존재한다. 조직 내부가 이익을 추구할 때 사적 리더십을 발휘하는 것이다. 사적 리더십을 발휘한다고 해서 잘못되었다는 패러다임은 버려야 한다. 그 목적을 추구함에 있어 방법을 정당화하거나 태도로 보여줄 수 있다. 중요한 것은 공적 리더십은 목적의 정당화가 아닌 방법의 정당성이라는 점이다.

공적 리더십과 사적 리더십의 충돌

공적 가치와 공적 리더십을 추구하지만 사적 리더십을 발휘하는 조
직들도 있다. 조직이 공적인 가치를 추구하지만 사적인 리더십을 발
휘해 어떤 결과를 초래했는지 다음 사례를 보자.

　누구나 2006년 황우석 박사의 줄기세포 논문 조작 사건을 기억할
것이다. 황 박사 연구팀은 2004년 세계 최초로 인간 배아 복제 및
치료용 줄기세포를 추출, 배양에 성공했다고 발표했으며, 2005년
환자 맞춤형 배아 줄기세포를 만들었다는 논문을 발표했다. 이에 따
라 난치병 환자의 치료에 획기적인 변화를 가져올 것이라고 기대했
다. 하지만 논문을 조작하고 줄기세포 연구를 위해 연구원들의 난자
를 제공받아 연구를 진행하는 등 연구윤리 규정을 위반했다는 사실
이 밝혀져 많은 국민들로부터 공분을 샀다. 줄기세포로 인류의 문제
를 해결하고자 하는 공적인 가치로 시작했지만 사적인 이기심과 욕

심으로 인해 기존의 가치가 부패한 것이다.

남양유업의 대리점주 갑질 사건은 어떤가. 2013년 5월 4일, 남양유업의 영업사원이 대리점주에게 욕설 섞인 폭언을 한 녹취록이 공개되며 이 사건이 세상에 알려졌다.

당시 남양유업의 영업사원은 본사에서 강매하려는 상품을 거부하는 대리점주에게 욕설을 퍼부었고, 유통기한이 얼마 남지 않았거나 수요가 크지 않은 상품들을 본사에서 대리점에 강매했다. 남양유업은 사실이 아니라고 부정했고, 본사에 항의한 대리점주들을 명예훼손으로 고소했다.

그런데 남양유업의 영업사원이 대리점주에게 폭언한 녹취록이 공개되며 '밀어내기 횡포'가 사실로 드러났다. 녹취록 등에 따르면 가맹점주들에게 떡값 강요 등 다른 횡포들도 들어 있었다. 공정거래위원회가 한 차례의 조사 후 증거가 너무 넘쳐 더 조사할 필요가 없다고 할 수준이었으니 어느 정도인지 알 수 있었다.

이외에도 남양유업은 임신한 여직원이 회사를 그만두도록 압박하거나 아르바이트생에게 400만 원의 손해배상 청구하는 등의 갑질로 논란의 여지가 많은 기업이 되었다. 남양유업은 대국민사과를 했지만 이미 떠나간 민심을 잡기는 역부족이었다.

남양유업이 다시 국민들에게 사랑받는 브랜드가 되려면 공적 리더십의 요소를 회복하고, 국민들과 소통하며, 그 증거가 인정받아야 할 것이다.

국민들이 민간기업을 보는 눈높이가 이미 공공기관에 요구하는 수준과 비슷해졌기 때문이다.

대한항공은 대한민국 국적기의 명예와 코리안에어라는 네이밍을 갖고 있는 기업이지만 조현아 부사장의 땅콩 회항 사건을 시작으로 국민들의 마음에서 멀어졌다. 오너 일가의 사적인 이익을 추구하는 방식이 국민들의 눈살을 찌푸리게 했다. 대한항공은 질서와 사내의 윤리를 지키지 않고 이를 뛰어넘어 전횡을 저질렀기 때문에 국민들의 공분을 샀다.

만약 그 당시 부사장이 공적 리더십을 발휘했다면 어땠을까 생각해본다. 한편으로는 민간기업의 오너가 자기 나름의 방식으로 리더십을 발휘한 것으로 간주될 수 있는 일인데, 그것을 바라보는 국민들의 눈높이는 이미 공적 리더십을 요구하고 있었다.

그런 점에서 민간기업 오너의 공적이지 못한 리더십에 모두가 공분한다. 이제는 민간기업에서도 공적 리더십의 요소를 갖추지 않으면 리더십을 발휘하기 힘든 상황이 되었다.

공적 가치를 추구했다고 해서 모두 공적 리더십을 발휘한 것은 아니다. 기업들 중에도 공적 가치를 추구하지만 내부적으로는 투명하지 못한 회계를 가지거나 비리를 숨기고 지위를 얻는 모습을 종종 볼 수 있다. 또한 공적 가치를 지향하는 학교의 사학재단이 내부의 문제와 비리를 숨기고 대외적으로 가치 있는 일을 하는 경우도 있다. 공적 리더십이 발휘되어야 할 때 사적 리더십이 발휘되는 경우도 있다는 것이다.

공적 가치를 지향한다 해서 무조건 공적 리더십을 발휘해야 한다는 패러다임을 버려야 한다. 하지만 공적 가치를 지향했을 때 공적 리더십이 발휘되지 않은 많은 사례에서 우리는 왜 공적 리더십의 발휘가 중요한지 확인할 수 있다.

리더십에 대한 논의는 세시대별, 조직별, 환경별로 깊게 이루어졌다. 그 결과 다양한 종류의 리더십과 방향성이 제시되었으며, 지금까지 끊임없이 논의되고 있다. 앞으로의 리더십은 공적 리더십 형태로 공공부문과 민간부문 구분 없이 가치를 실현하고 공동체에 기여할 수 있는 선한 영역으로 확장될 것이다.

다섯 가지 공적 리더십

리더십은 지향점과 방법의 문제다. 구성원들을 그들이 원하는 방향으로 이끄는 것이다. 공적 리더십은 조직이 지향하는 공적 가치를 추구해가는 과정에서 어떤 리더십으로 함께 할 것인가의 문제이므로 방법의 문제이기도 하다.

목적의 선함과 동시에 방법의 선함이 중요한 이유는 절차적 정당성을 상실한 경우 결국 그 열매에 대한 정당성과 선함이 상실되기 때문이다. 법률 용어에 '독수독과'가 있다. 독이 든 나무에서 독이 있는 열매가 맺히는 것이다. 우리 법원은 정당하지 않은 방법으로 취득한 증거를 채택하지 않는 전통을 가지고 있다. 제아무리 범죄자를 벌하기 위한 과정이라 하더라고 그 취득 방법이 정당하지 않다면 증거능력을 인정하지 않는 것이다.

공적 리더십은 목적을 추구해가는 과정에서 방법론적인 정당성을 의미한다. 그래서 방법이지만 동시에 목적이다. 오랫동안 우리 사회는 목적론적인 가치에 매몰되어 방법을 무시하기도 했다. 그러나 함께 하는 과정에서 옳은 방법을 추구하는 데에 가치를 부여하고 실행하면 결과가 얻어지지 않는다 하더라도 그 자체만으로도 사랑받는 조직이 될 수 있다.

공적 리더십은 크게 윤리성, 구성원의 참여, 파트너와 공존, 산업 내 경쟁자와의 상생, 그리고 지역사회와의 동반을 들 수 있다. 그동안 우리 사회의 여러 사건을 볼 때 이 다섯 가지 요소는 공적 리더십의 핵심으로 다가온다. 이를 민간기업을 포함한 우리 사회의 모든 기관과 국민들이 가장 중요한 방법적인 가치로 들고 있기 때문에 특히 그렇다.

조직의 윤리성은 공허한 선언이나 외침이 아니라 구체적인 증거로 드러난다. 코카콜라에 독극물을 투입해 사망사고가 났을 때, 코카콜라 측은 해당 기간을 전후해 사건 발생 공장의 모든 생산품과 원료를 전량 폐기하고 외부 기관과 철저하게 공동조사를 벌임으로써 오히려 소비자들의 신뢰를 얻었다.

반면에 공해 가스를 배출한다는 의심을 샀을 때 배기가스 조절기를 조작해 전 세계적인 판매량 급감으로 이어진 독일의 자동차 사건도 주의 깊게 봐야 한다. 어떤 조직이든 실수할 수 있고 완벽한 윤리성을 갖추기 어렵다. 하지만 사건을 대하는 태도에서 진정성 있는 윤리의식이 드러나게 마련이다.

오랫동안 소아암 환자들에게 맞춤형 우유를 제공해온 매일우유나 무의탁 청소년들에게 수십 년간 익명으로 지원을 해온 오뚜기를 높이 평가한다. 이들 브랜드에 네티즌들의 구매운동과 인증샷 캠페인에서 공적 리더십의 가치와 증거가 드러난다.

구성원들의 참여는 민주적 가치가 우선시되는 자유민주주의 시스템 안에서 매우 중요한 공적 리더십의 요소다. 또한 구성원들의 삶을 존중하고 구성원을 조직 가치를 실현하는 수단으로 보지 않고 그 자체를 목적으로 보는 것이 매우 중요한 리더십의 요소로 대두되고 있다.

100인 이하 기업에 특화된 경영 컨설팅 회사인 가인지캠퍼스에서는 인재경영을 언급하면서 "사람은 관리의 대상이 아니라 관계의 대상입니다. 그래서 사람을 기업 목표 달성의 수단으로 보지 말고 목적으로 간주하고 그들이 목표를 달성할 수 있도록 지원하는 시스템을 만들어야 합니다."라고 역설한다.

대통령선거 후보로 거론되었던 공공기관의 리더들이 부적절한 처신으로 낙마하거나 유명을 달리한 것은 함께 하는 동료를 공동의 목적을 이루는 상대로 본 것이 아니라 '나의 목적을 달성하기 위한 수단 혹은 방법'으로 여길 때 나타날 수 있는 위험한 일이다.

목적이 위대하고 중요할수록 수단에서 구성원들이 소외되는 현상을 발견한다. 가치가 뚜렷한 조직에서 구성원들이 오히려 피로해하고 이른바 열정페이에 시달리는 경우가 있다. 목적이 선할 때 오히려 그 목적을 공유하는 구성원들을 만들어내고 그들 스스로가 자신의 목적을 향해 함께 할 수 있도록 하는 것이 공적 리더십이다.

상생하고 공존하는 사회

파트너와 공존한다는 것은 공적 가치를 추구하는 조직이 대외적인 파트너들과 함께 하는 행동방식이다. 고도로 전문화된 형태를 띠는 현대 사회의 협력구조에서 적절한 아웃소싱과 외주는 조직의 목적을 달성하는 데 매우 효과적인 방식이다.

나라장터에서는 매일 수많은 기업들이 국가기관과 파트너 계약을 맺고, 민간기업들도 다양한 방식으로 협력사와 계약을 체결하고 공동의 고객을 위해 협력한다.

우리 사회에서는 슬프게도 공무원은 왕족이요, 대기업은 귀족이며, 중견기업은 지방 양반이고, 중소기업은 백성이고, 자영업자는 천민이라는 냉소적인 말이 있다. 수직 계열화된 외주 방식은 우리 사회에 수많은 계층적인 차별을 가져왔고, 개인의 실력이 아니라 어디에 속해 있느냐에 따라 사회적 지위와 보상이 결정되어버리는 경향이 있다.

공적 리더십이란 이런 상황을 이해하고 조직의 리더십이 특정 계층을 대변하지 않고 공존할 수 있도록 발휘하는 것이다. 적절한 원가를 보장해주고, 상품경쟁력이 상승하도록 협력하는 것이다.

경쟁자와 상생하는 것은 가장 어려운 공적 리더십일 수 있다. 서울시의 음식물쓰레기 봉투를 길고양이들이 물어뜯어 거리에 냄새가 심각하던 시절에 영등포구청의 공무원들이 겨자향 봉투를 개발해 이 문제를 혁신적으로 해결한 사례가 알려졌다.

나는 당연히 전국적으로 확산될 것을 기대했다. 하지만 의외로 이 문제를 해결하는 방식이 각 지자체별로 다르게 접근하고 확산되지 않는 것이 정치적인 소속의 문제와 연관 있다는 말을 듣고 적잖이 실망했다. 공공기관이든 민간기업이든 산업 내에서 다른 경쟁자와 서로 공동의 이익을 추구하는 것은 매우 힘든 일이다.

가인지캠퍼스는 10여 년 전부터 컨설팅회사로서 하기 힘든 결정을 했다. 교육과 컨설팅을 하면 그 강의와 매뉴얼 파일을 고객에게 그대로 제공하는 것을 원칙으로 도입한 것이다. 일반적으로 지적 자산에 해당하는 강의 자료와 매뉴얼은 제공하지 않는 것이 관례였다. 경쟁자에게 제공될 가능성이 크기 때문이다. 하지만 진정으로 기업이 잘되길 원하는 경영 컨설팅이라면 다른 경영 컨설팅 회사도 마음껏 자료를 받아 사용할 수 있도록 해주는 것이 보다 진정성 있고 가치 있는 일이라 판단했기에 결정하고 제공하고 있다. 가끔 세미나에 참여자로 자리했을 때 우리가 만든 파일이 사용되는 모습을 보면 흐뭇하다.

지역사회와 동반한다는 것은 기업이 속한 공장과 사무실, 원재료 공급처, 근로자의 생활기반에 관한 주제다. 초콜릿의 원료인 코코아를 생산하는 세계적인 코코아농장인 코트디브아르의 아동노동자들은 정작 자신이 원료를 제공하는 초콜릿을 사먹기에는 너무 비싸다. 콜롬비아의 커피농장, 파키스탄의 가죽공장, 인도의 염료공장 등 세계적인 시야로 보면 생산활동을 하는 조직이 해당 지역사회와 어떤 관계를 맺고 함께 해야 하는지 고민을 던져준다.

글로벌기업들의 생산과 공급처 역할을 하면서 그들의 소득과 생산이 증대되는 것은 분명하지만 이제는 그것이 수탈적인 방식으로 진행되거나 동반해 성장하지 않을 때 비난의 대상이 된다.

이미 글로벌기업들은 생산환경이 공정하게 관리되도록 감독하고 교육한다. 또한 해당 지역에 보상적인 혜택이 돌아가도록 공헌 프로그램을 운영하기도 한다. 한 지역에 구청이 들어서면 일정 공간을 지역 주민을 위한 공간으로 배치하고, 교회가 들어서면 지역 주민을 위해 주차장을 개방한다. 기업이 공장을 건설할 때 지자체와 협의해서 환경과 교통, 지역 주민들에게 미치는 영향을 고려해 적절한 주민 편의시설을 제공한다. 지역사회와 동반하는 문제는 모든 기관들이 함께 해야 할 이슈다.

03
|

더불어
나아갈 길

공동선의 추구

앞서 우리는 공적 가치가 무엇이며 공적 가치 시대가 도래했음을 이야기했다. 이 장에서는 공적 가치 구성 요소를 공동선의 추구, 인류 문제 해결, 환경, 지역개발, 다음 세대 등의 다섯 가지 요소로 제시한다. 다섯 가지 요소를 심층적으로 알아보고, 어떤 기업들이 공적 가치의 구성요소를 지향하며 기업을 운영하고 있는지 함께 보면 좋겠다.

먼저, 공동선의 추구는 자유, 평화, 협력, 공존 등 미덕을 추구하는 영역이다. 공동선을 추구함으로써 공공의 영역이 발전하고 자유와 평등이 수호되는 장면을 확인할 수 있다.

고객의 건강을 최우선으로 생각하는 일명 착한경영으로 유명한 홀푸드마켓은 친환경 유기농제품만을 제공하고, 유전자변형 농산물(GMO)을 제공하지 않으며, 고객들에게 안전한 식료품과 고품질의 서비스를 제공하고 있다.

또한 홀푸드마켓은 독특한 인사제도를 가지고 있다. 하나의 매장은 식료품, 건강식품, 베이커리, 어패류 등 8~10개의 팀으로 운영된다. 팀은 강력한 의사결정 권한을 가지는데, 이번 달에 어떤 물건을 팔지, 얼마에 팔지, 어디서 공급할지, 어떻게 홍보할지를 회사가 아닌 팀이 스스로 결정할 수 있다. 물론 결정한 상품은 본사의 철저한 품질 기준을 통과해야 한다. 그리고 한 달 후 팀 성과에 따라 자동으로 다음 달 보너스가 결정되는데, 특이한 것은 직원들이 다른 매장, 다른 팀의 목표와 성과, 보너스 금액까지 모두 시스템에서 조회할 수 있다는 점이다. 팀에 권한과 책임을 주고, 보상은 투명하게 결정하는 것이다. 홀푸드마켓은 고객과 직원 모두에게 공동선을 실현하는 착한 기업이다.

화장품 브랜드 러쉬는 고객들의 피부건강을 생각해 친환경재료로만 제품을 만들고 있으며 인권과 동물권을 보호하는 캠페인을 진행하고 있다. 2007년부터 진행 중인 쓰레기 줄이기 캠페인 '고 네이키드'나 여우사냥의 합법화를 반대하는 시위 등을 시행하고 다양한 분야에 적극적인 기부활동을 이어가고 있다.

러쉬의 성공 비결에는 러쉬가 공동의 선을 추구한다는 점에 있다. 사회공헌 활동을 기업경영 활동의 단순한 일부로 보는 것이 아니라 함께 안고 가야 할 주제로 보는 것이다. 그리고 사람들이 그러한 러쉬의 노력과 가치를 알고 윤리적 실행에 동참하는 것이 그들이 사랑받는 이유다.

'홈리스가 만든 종이 옷걸이'로 주목받았던 사회적 기업 두손컴퍼니는 전 직원의 절반 정도가 노숙인으로 구성되어 있는 사회적 기업으로, 현재는 물류배송업체로 탈바꿈해 성장세를 기록하고 있다.

두손컴퍼니는 2012년 옷걸이를 아이템으로 창업했으며, '일자리를 통한 빈곤퇴치'라는 미션을 토대로 물류사업을 혁신해 일자리를 창출해나가고 있다. 박찬재 대표는 2011년 서울시에서 서울역 노숙자를 강제로 쫓아내고 있다는 기사를 접한 후 노숙인 사회문제에 관심을 두었고, 그 이후 일자리 창출이라는 비즈니스 모델로 많은 노숙인들에게 일자리와 희망을 제공했다.

공공의 선을 행하는 영역은 무궁무진하다. 사회문제를 직시하고 그 문제를 해결하겠다고 마음먹은 기업들은 공적인 가치를 중요하게 여긴다. 그리고 행동으로 옮긴다. 공동의 선을 추구하는 기업은 고객들에게 위대한 기업을 넘어 사랑받는 기업으로 다가설 수 있다.

인류문제의 해결

인류에게는 다양한 해결 과제들이 남아 있다. 에너지문제, 환경문제, 빈곤문제 등 인류는 다양한 문제들을 겪으며 살아간다.

영화 〈아이언맨〉에서 주인공 토니 스타크의 실존 모델인 앨론 머스크는 인류의 문제를 해결하는 것을 필생의 업으로 삼는다. 앨론 머스크는 태양광산업과 친환경자동차산업을 확장하고 있으며, 화석에너지에 의존하지 않는 진정한 의미의 친환경차량 시대를 열어가고 있다.

인류를 위해 끊임없이 노력하는 그는 슈퍼히어로와 같은 면모를 지니고 있으며, 세계 도처에서 인류문제 해결을 위한 움직임이 점점 일어나고 있다.

그밖에도 디자인 씽킹으로 유명한 디자인 전문회사 IDEO는 디자인의 영역을 확장시켜 사회문제에 디자인적 요소를 결합시켜 새로운 문제 해결법을 제시해오고 있다. 출퇴근하는 정류장에 사람들이 질서 없이 우왕좌왕 모여 있을 때 바닥에 대기라인을 그려주는 것만으로도 질서가 생길 수 있다. 이것이 IDEO의 방식이다.

인류의 다양한 문제를 창의적인 디자인적 접근으로 해결해나가는 모습에 많은 이들이 놀라고 있다. 정류장에 대기라인 하나 그린 것이 그렇게 대단한가 의문이 들 수도 있다. 하지만 IDEO는 문제에 대해 디자인 씽킹이라는 그들만의 방법으로 세상에 도움을 줄 다양한 실천을 해오고 있다.

실행했던 다양한 사례를 보면 왜 IDEO의 활동이 인류 문제를 해결해오고 있는지 알 수 있다. 흙탕물에서도 마실 수 있는 빨대, 세탁이 되는 자전거 등 적정기술을 활용한 제품들이다. 적정기술은 사람들의 삶의 질을 개선하는 데 실질적인 도움을 주는 기술이다. 사람들에게 꼭 필요한 제품을 제공함으로써 사람들의 생활을 편하게 해주고 삶의 질을 높여주는 기술이다. 즉 빈곤과 질병으로부터 싸우고 있는 전 세계 사람들에게 희망을 안겨주는 따뜻한 기술이다.

막대한 원조로도 해결할 수 없었던 고질적인 문제들을 적은 비용으로 효율적으로 해결함으로써 인류가 더 나은 삶을 살아가게 하는 원동력을 제공한다.

인류문제의 해결은 인류가 처해 있는 환경, 건강, 빈곤, 생존 등의 문제들에 관심을 갖고 해결하고자 하는 가치를 의미한다.

환경문제에 대처하는 자세

친환경 비즈니스를 시행하는 파타고니아는 모든 제품을 재활용하기 위해 버리는 자사의 제품을 오프라인 매장이나 우편으로 보내라고 권고한다. 고객들은 자신이 입던 파타고니아 제품이 소각되거나 땅에 매립되어 환경을 오염시키지 않고 재활용된다는 것에 자부심을 느낀다. 환경을 생각하며 비즈니스를 진행하는 많은 기업이 있다. 기업이 환경 보존에 힘쓸 때 고객은 그 기업의 브랜드를 높이 평가한다.

친환경 재활용 가방 브랜드 프라이탁에서는 연간 30만 개 정도의 가방을 만든다. 이 가방들을 만들기 위해 연간 390만 톤의 트럭 방수천, 3만 6천 개의 자전거 폐튜브, 그리고 22만 개의 자동차 안전벨트를 사용한다고 한다. 버려지는 소재들을 재활용하는 첫 번째 과정서부터 엄청난 재활용, 지속가능한 환경 유지에 기여하고 있는 것이다.

프라이탁의 가방이 특별한 이유 중 다른 하나는 제작이 모두 수작업으로 이루어진다는 것이다. 천을 고르는 것부터 시작해 자르고 조합해 만드는 작업까지 모든 과정이 만드는 이의 수작업으로 이루어진다. 하나의 가방을 만들기까지는 보통 두 달 여의 시간이 소요된다고 한다. 이는 싼 가격으로 대량생산을 해 수많은 재고를 남기는 SPA 브랜드와는 매우 다른 방식의 생산 과정이다. 재고를 남기는 또 다른 '낭비'를 막음으로써 프라이탁은 다시 한 번 더 지속가능성에 도달하는 것이다.

친환경 아이스크림을 만드는 벤앤제리스는 1980년대부터 지속가능한 제품 생산 방식과 공급자, 농부, 가맹점부터 고객에 이르기까지 브랜드와 관련된 모든 사람들을 위한 공동의 가치를 추구하고 있다.

먼저, 사용되는 우유는 전부 버몬트산이다. 미국에서 대표적인 낙농지대인 버몬트주에서 제품을 생산하는데, 환경에 미치는 영향을 최소화하기 위해 2002년 버몬트 제조시설 내 탄소 절감 프로그램 도입과 2006년 본격화한 공정거래 방침이 대표적으로 알려져 있다.

2012년에는 제품에 쓰이는 원료에 GMO를 배제하는 방침을 정하기도 했다. 제조시설 내 탄소 절감 프로그램을 도입하고, 온실가스 배출 감소에 앞장서고 있으며, 다양한 환경보호 캠페인도 이어가고 있다.

우리가 살아가고 있는 지구의 환경문제는 매우 빠른 속도로 악화되고 있다. 모두가 함께 노력해야 한다. 환경을 생각하지 않는 기업은 다음세대에게 사랑받지 못할 것이다.

지역 개발이 가져오는 효과

지역개발로 공적 가치를 실현한 기업의 사례를 확인해보자. 커피로 유명한 회사 네스프레소는 짐바브웨의 열악한 상황을 보고 커피 농부도 살리고 대대로 재배해오던 커피도 살리는 프로그램을 시작했다. 네스프레소는 짐바브웨 커피농가에 대한 기초조사부터 시작했고 농민들의 73퍼센트는 가난에 허덕이면서도 커피농사는 꺼리고 있음을 파악했다. 묘목을 심고 수확하기까지 5년 이상 걸리기 때문에 당장 생활이 막막한 이들은 선뜻 농사를 시작하기 어려웠다.

점점 커피의 생산량이 줄어드는 상황을 타개하기 위해 네스프레소는 이들이 커피 농사에 대한 희망을 갖게 하는 것이 급선무라고 판단했다. 네스프레소는 커피농가를 살리기 위해 품질 기준에 부합하는 원두의 95퍼센트를 구매했고 판매처에 대한 안정성과 지속성이 보장되자 농부들은 새로 묘목을 심기 시작했다.

네스프레소는 농학자들을 파견해 가지치기, 솎아내기, 세척과 탈곡 등의 기술을 커피 농부들에게 전수했고 커피 가공시설도 세웠다. 그 결과 농부들은 더 많은 커피를 네스프레소에 판매하면서 돌고 도는 선순환이 시작됐다. 이렇게 불모의 땅을 꿋꿋하게 지켜온 짐바브웨의 농부들의 땀과 열정을 담아 네스프레소는 최근 새로운 커피를 출시했다.

네스프레소의 공적 가치를 실현하기 위한 활동은 지역을 개발하는 것이었다. 그로 인해 짐바브웨의 커피농가는 자연스럽게 개발될 수 있었다. 기업이 한 지역에 투자할 때 그로 인한 부수적 창출은 실로 대단하다. 많은 기업들이 공적 가치를 실현함에 있어서 단순한 기부를 넘어 지역사회에 호흡을 불어넣는다면 우리가 알지 못하는 공적인 가치들이 실현될 수 있을 것이다.

지역마다 교육의 불평등 문제를 크게 느낀 티치포아메리카(TFA)의 설립자 웬디 콥은 출신 계층이 학생들의 교육 수준에 매우 큰 영향을 미친다는 사실이 불합리하다고 생각했다. 이런 고민 끝에 누구나 동등한 교육의 기회를 가질 수 있는 사회를 구상했다.

"교사들로 평화봉사단을 만들자! 올해 졸업생들을 교사훈련을 시켜 빈민지역 공립학교에서 아이들을 가르치게 하자!"라는 아이디어로 교육프로젝트를 시작했다. 열정 있는 미국 대학생들의 작은 헌신은 크고 작은 변화를 만들었고, TFA는 미국 공교육의 문제점들을 효과적으로 개선해나가는 대표적인 단체가 되었다.

현재 미국 대학 졸업생들 사이에서 가장 인기 있는 진로 중 하나가 된 TFA의 성공 요인은 '교육기부를 통한 교육불평등 해소'라는

'사명'에 동의한 구성원들이 열정을 갖고 지원하고 헌신했기 때문인 것으로 풀이된다. 또한 미국 사회에서 이런 사명감을 가진 인재들을 대우하는 풍토가 조성된 것도 큰 요인 중 하나다. 미국 내 우수 대기업들은 직원 채용 시 TFA 출신을 우대하면서 사회적 분위기가 변화되었다.

TFA는 교육으로 지역불평등을 해소하고 각 지역마다 평등한 교육이 제공될 수 있도록 노력하고 있다. 지역이 개발된다는 것은 단지 건물이 들어서고 대형마트나 큰 건물이 들어선다는 의미가 아니다. 보이지는 않지만 지역의 교육문제를 해결하고자 하는 청년들의 아름다운 행동이 지역을 발전시킬 수 있음을 TFA가 보여주고 있다.

다음세대를 생각하라

인류는 시간이 흐름에 따라 후손들에게 다음 바통을 넘겨주며 삶을 이어나간다. 많은 조직에서 이윤만을 쫓다가 자연을 파괴하기도 하고 공동선을 저버리는 모습들 또한 볼 수 있다.

하지만 우리는 다음세대를 위해 현재 우리가 살고 있는 지구와 많은 인적 자산 및 환경 등을 보존하고 다음세대에게 넘겨줄 의무가 있다. 이를 실현하기 위해 다양한 기업들은 각자만의 다음세대를 위한 가치를 실현함으로써 다음세대를 위한 노력을 이어가고 있다.

애플의 아버지라 불리는 스티브 잡스가 신어 더 유명해졌고 편안한 운동화로 잘 알려진 뉴발란스는 다음세대에게 발 건강과 운동을 통한 삶의 건강을 이어주기 위해 114년의 전통을 이어가고 있다. 다음세대에 운동과 삶의 건강이라는 가치를 품고 제품개발에 힘쓰고 있으며, 공적인 가치를 실현하기 위해 노동환경의 혁신과 개선을 위해 노력하고 있다.

뉴발란스뿐 아니라 다음세대를 위한 마음이 제품에 깃들어 있는 기업들을 우리 주위에서 발견해보자. 의외로 많은 기업이 공적인 가치를 제품에 담고 있다.

"우리는 초콜릿을 광적으로 사랑하고 사람을 진지하게 생각합니다."

공정무역으로 건강한 무역생태계를 만들어가는 토니스초코론리의 마음이다. 노예를 전혀 쓰지 않는 초콜릿산업이 토니스초코론니의 목표다. 많은 초콜릿산업이 노예노동으로 인해 생산되기 때문이다. 토니스초코론니는 소비자들에게 노예노동 없이도 초콜릿을 만들 수 있다는 사실을 알리고 있다. 이는 다음세대에 노예노동을 근절하고자 하는 마음이다. 공정무역으로 일자리를 창출하고 공정한 무역으로 노동자에게 제값을 지불하는 공정무역의 토니스초코론리는 다음세대에는 노예노동이 없는 시대를 만들어가기 위해 지금 당장 할 수 있는 일들에 초점을 맞춰 해결해가고 있다.

오늘의 작은 날갯짓이 훗날 큰 아름다운 변화를 일으킬 수 있다는 믿음으로 가치를 수호하고 발전시켜 나가고 있다. 또한 각자의 산업군에서 다음세대를 위해 노력하는 기업들이 늘어나고 있다.

어디에 가치를 두고 걸어가느냐가 매우 중요하다. 공동선의 추구, 인류문제해결, 환경, 지역개발, 다음세대 이 다섯 가지의 주요 구성 가치로 공적인 영역에서의 변화를 만들어 갈 수 있다고 생각한다. 이것이 내가 생각하는 이 책의 목표다. 앞으로 우리가 21세기를 잘 살아가기 위해 집중해야 할 키워드는 '공적 가치'다. 공적인 가치를 추구하며 살아갈 때 우리가 더욱 이웃을 사랑하며 살아갈 수 있다.

04

—

공유하고
공존하는 리더

윤리로 리드하라

공적 가치를 추구했다면 어떻게 해야 하는가라는 생각이 들 수 있다. 공적 가치를 실현하는 방법론이 공적 리더십이다. 공적 리더십으로 공적 가치를 실현하고 세상을 좀 더 살만한 공간으로 만들어나갈 수 있다. 그러면 공적 리더십에는 어떤 요소들이 있는지 확인해보자.

공적 리더십을 발휘하기 위해서 윤리, 구성원들의 참여, 파트너와의 공존, 경쟁자와의 상생, 지역 사회와의 조화 등 다섯 가지 방법론을 이야기한다.

우리가 공적 리더십을 발휘함에 있어 처음으로 주목할 요소는 윤리다. 속임수나 운이 아닌 바른 길을 걷고 윤리적 규범 속에서 투명함을 추구하는 가치를 뜻한다.

윤리경영으로 유명한 존슨&존슨은 타이레놀 사건으로 유명하다. 1982년 미국 시카고에서 존슨&존슨에서 제조된 해열진통제 타이레놀을 먹고 무려 7명이 사망했다. 이때 존슨&존슨은 기업 신조대로 고객과 사회에 대한 책임을 실천하기 위해 즉각 사건이 발생한 시카고 지역뿐만 아니라 미국 전역에서 모든 타이레놀을 수거해 전량을 폐기했다.

놀라운 일이었다. 이윤을 추구한다고만 알았던 기업이 이윤을 포기하고 소비자와의 신뢰를 택했기 때문이다. 기업의 이윤을 뛰어넘어 고객과의 신뢰를 선택한 존슨&존슨은 지금까지도 우리 기억 속에 남아 있다.

패션사업은 환경오염에 큰 영향을 미치는 산업이다. 제품을 생산하는 공장의 환경과 노동자들의 인권에도 문제가 많다. 그런데도 패션기업들은 제품을 생산하는 공장의 환경이 어떤지 공장 노동자들의 인권은 어떤 상황인지, 제조공정에서 환경에 어떤 영향을 미치는지는 잘 공개하지 않는다.

이런 배경 속에서 흥미로운 기업이 있다. 모든 공정과 가격을 투명하게 공개하고 패션산업의 고질적인 습관인 비밀주의와 고객들이 갖는 궁금증을 풀어주면서 인기를 끄는 브랜드, 에버레인이다.

에버레인은 제품의 원료비와 제작비용을 투명하게 공개하고, 이윤을 많이 붙이지 않고 가격을 낮춰 고객들에게 신뢰를 얻었다. 그리고 그 과정을 고객들에게 알려주었다. 다른 소매 브랜드들이 소매점 유통과 마케팅에 많은 비용을 쓰면서 높은 가격을 매기는 관행과 대비되면서 고객들은 진실성을 느꼈다.

에버레인은 공적 가치에 대한 창업자의 확고한 의지와 철학이 반영되면서 공적 리더십을 발휘했고 일관성 있는 제품과 그 안에 스토리를 만들어냈다. 이것이 소비자들에게 에버레인은 긍정적인 기업이라는 인식을 심어주었다. 이것이 공적 리더십의 힘이라고 생각한다. 공적 가치를 추구하고 그 안에서 공적인 리더십을 발휘하는 것. 고객에게 사랑받는 비결이다.

방글라데시는 2016년 기준 세계에서 다섯 번째로 가난한 나라이며 인구의 40퍼센트가 절대빈곤층이고, 다섯 살 미만 아이 가운데 56퍼센트가 영양실조에 시달리고 있었다. 열악한 국민 건강 실태는 방글라데시 사회의 미래를 위해서도 시급히 해결되어야 할 문제였다.

세계적인 유제품업체 다농은 이곳 아이들의 문제를 해결하기 위해 뭔가 해보자 싶었다. 그래서 낸 아이디어가 요구르트였다. 2006년 11월 방글라데시 수도 다카에서 북서쪽으로 230킬로미터 떨어진 보그라 지역에 작고 아담한 요구르트공장이 문을 열었다. 빈민층 소액대출로 유명한 그라민은행과 프랑스의 유제품기업 다농이 손잡고 세운 이 공장은 웬만한 요구르트공장의 10분의 1도 안 되는 규모지만 단숨에 전 세계 시민단체와 기업들의 관심을 끄는 이슈메이커로 부상했다.

그라민 다농의 이 활동은 세계 최빈국인 방글라데시 국민들의 영양실조와 빈곤 문제를 개선할 '작지만 의미 있는 시도'로 여겨졌기 때문이다. 그라민 다농은 지역을 개발해 방글라데시의 빈곤 및 건강 상태를 개선하고 싶었다. 이를 실현하기 위해 프로젝트 내에서 윤리적 실천 방안들을 발휘하며 많은 변화를 만들어냈다.

　그라민 다농의 노력 덕분에 2017년 기준으로 매일 10만여 컵의 요구르트가 현지에 판매되었고, 500여 명의 농부들이 젖소를 키워 우유를 공급하고 있다. 300여 명의 여성들이 요구르트를 배달하고 있으며, 직간접적인 수혜자가 30만여 명에 이른다. 가장 의미있었던 변화는 아이들의 건강 개선이었다. 그래서 윤리를 기반으로 빈곤층의 건강을 생각한 그라민 다농은 공적 가치를 실현한 대표적인 사례로 꼽힌다.

구성원들의 적극적인 참여

다양한 기업에서 구성원들이 참여하고 그들을 존중하는 조직들이 늘어나고 있다. 이들은 직원중심 경영으로 구성원이 행복한 일터를 만들어 가고 있다. 구성원이 적극적으로 참여하는 조직은 건강할 수밖에 없다. 직원의 행복이 곧 고객의 행복임을 알아야 한다. 존중은 곧 행복으로 가는 첫걸음이다.

기업용 메신저 서비스로 실리콘밸리를 흔든 슬랙에는 흥미로운 문화가 있다. 다 같이 점심을 먹고 오후 6시가 되면 다 같이 칼퇴근하는 문화다. 이렇게 해서 성장이 가능할까 의문을 품으면서도 신기한 것은 창업 3년 만에 기업가치 38억 달러(약 4조 2,800억 원)로 성장했다는 점이다. 슬랙은 정해진 시간만 근무하고 칼퇴근하면서 3년 만에 회사를 이만큼 키워냈다.

슬랙의 사훈은 'Work Hard and Go Home'로, '열심히 일하고 가

정으로 돌아가라'다. 이 슬로건이 새겨진 포스터가 슬랙의 사무실 곳곳에 걸려 있고, 대개 6시 30분이 되면 사무실이 텅텅 빈다고 한다. 직원들 사이에 탁구를 치고 싶으면 회사가 아닌 다른 곳에서 하라는 공감대가 형성되어 있다. 이 메시지는 명확하다. 회사는 다 큰 성인들의 공간이고 많은 성인은 가정이 있다. 가정을 중시하는 것이다. 슬랙의 직원들은 CEO의 경영철학에 동의하며 존중을 받고 있다는 인식으로 더욱 열심히 일하고 있다.

블랙프라이데이에는 1년 매출의 70퍼센트가 이날 이루어진다고 한다. 블랙프라이데이는 11월의 넷째 주 목요일인 추수감사절 다음 날로, 연중 가장 큰 규모의 할인행사가 이루어지는 날이다.

'black'은 이날이 연중 처음으로 흑자를 기록하는 날이라는 데에서 유래되었다. 수많은 기업들은 이 하루를 위해 수많은 전략과 마케팅을 이용한다. 하지만 조금 다른 행보를 보이는 기업이 있다. 모두가 매출을 올리기 위해 혈안이 되어 있는 이날 오히려 문을 닫고 직원들에게 쉼을 주는 회사가 있다. 미국 아웃도어 장비 소매협동조합 REI(Recreational Equipment, Inc.)다.

미국 서부 도시 시애틀에 본부를 두고 미국 전역에서 현재 활발하게 사업을 펼치는 REI은 1938년 산악인들이 설립해 현재 80년 이상이나 역사를 가진 아웃도어 장비 소매협동조합이자 미국 최대의 소매협동조합이기도 하다.

REI의 경우에는 직원들의 참여수준이 일반적으로 85퍼센트를 초과하는 반면 협동조합의 비전을 믿는 직원은 93퍼센트에 달했다. 급여와 수당 수준이 업계를 주도하고 있으며 이직률 또한 업계 기준의 반밖에 되지 않는다. 많은 직원들이 '야외에서 살아가는 것이 잘사는 삶'이라는 REI의 기업가치에 동참하고 있다. 직원들은 좋아하는 활동에 참여하거나 새로운 것을 배우는 등의 야외활동을 위해 두 번의 유급휴가를 받을 수 있으며, 모든 상점들이 문을 여는 블랙프라이데이에는 매장 문을 닫아 직원들이 가족과 친구들과 시간을 보낼 수 있도록 하는 것으로 유명하다.

노력의 일환으로 2018년 전국의 350,000명이 일일 프로그램으로 아웃도어 활동을 즐길 수 있도록 지원했고, 전문적인 조언 없이도 제공되는 온라인 라이브러리로 정보를 사람들이 자유롭게 습득해 새로운 기술을 배우고 장비를 선택하며 여행을 준비할 수 있도록 도왔다.

REI는 구성원을 존중함으로써 자연스럽게 구성원의 적극적 참여가 일어난 대표적인 사례다. REI로 경영철학에 구성원이 동의하고 적극적으로 참여했을 때 일어나는 시너지를 확인할 수 있다.

위의 사례에서 공적 리더십이 구성원의 참여로 영향을 일으킬 수 있음을 확인할 수 있다. '혼자 가면 빨리 갈 수 있지만 함께 가면 멀리 간다'는 아프리카 속담처럼 조직의 리더는 구성원들과 함께 멀리 갈 수 있는 방법을 끊임없이 고민해야 한다.

파트너와 공존하라

시장을 독식하고 자신만의 이윤을 추구하는 기업은 오래가지 못한다는 사실은 많은 이들이 과거 경험으로 알 수 있다. 21세기, 앞으로 우리가 나가야 할 방향은 승자독식의 세계에서 나의 이웃과 함께 공존할 수 있는 부분을 찾아 함께 걸어가는 것이 우리의 방향성이 되어야 한다.

세계 최대 의류, 장난감, 아웃소싱업체이자 홍콩을 대표하는 기업 중 하나인 리앤펑은 공유가치사슬이라는 방법으로 다양한 업체들을 연결시켜주고 그 안에서 공존을 일으키고 있다.

빅터 펑 회장은 1906년 중국 자본으로 리앤펑 회사를 최초 설립했다. 대한민국 굴지의 기업 삼성과 비교해보면 10분의 1밖에 되지 않는 매출임에도 2008년 《비즈니스위크》가 이 회사를 세계에서 가장 영향력 있는 회사 29개 중 하나로 선정했으며, 《포브스》는 아시아에서 가장 놀랄 만한 50개의 기업 중 하나로 꼽았다.

리앤펑은 좋은 공장과 직원들을 연결시켜주는 다리 역할을 하고 있다. 전 세계 40개국에 퍼져 있는 3만 개의 공급업자(공장)와 200만 명 이상의 공급업체 직원들을 연결시켜 가치를 창출하고 있다. 경영계에서는 이러한 비즈니스 모델을 '공급사슬 관리(Supply Chain Management) 서비스'라고 표현한다.

이러한 비즈니스 모델을 실천하고 있는 리앤펑은 SCM 서비스로 제조 원가가 싼 공장을 찾고 고객이 원하는 서비스와 연결시켜준다. 파트너끼리 잘되면 잘될수록 효율과 성장이 일어난다. 리앤펑의 파트너와의 공존가치를 추구하는 모습에서 우리가 앞으로 어떤 방향으로 걸어가야 하는지를 엿볼 수 있다.

리앤펑은 공적 가치를 기본으로 한 공급사슬로 평균 3만 개의 공장에 활기를 불어넣었다. 독점과 이익을 중시하는 비즈니스세계에서 자신만의 이익이 아닌 함께 상생하는 마음이 리앤펑의 성공을 이뤄냈다고 생각한다.

면화 부문에서 선두를 달리고 있는 COTTON USA의 핵심가치는 품질, 지속가능성, 투명한 협력관계다.

고객들을 위한 품질과 효율성을 소중하게 여긴다. 이를 바탕으로 기술을 활용함으로써 더 효율적인 종자를 개발하고 조면 공정을 향상시켜 사실상 무오염 코튼을 생산했다. 또한 수세대에 걸친 가족 단위 농장과 그에 따른 토지관리, 엄격한 규제와 혁신적인 정밀 농업 기술로 미국은 코튼 재배 분야에서 세계를 선도하고 있다. 이를 통해 엄격한 등급 분류 프로세스와 계약의 신성함, 고객서비스를 최우선 가치로 두고 있다.

COTTON USA는 다양한 국제 박람회 등에서 소싱 서비스와 네트워킹 기회를 제공하고 있으며 미국원면소싱회의(Sourcing USA Summit) 등 다양한 행사에 큰 규모로 참가하고 있다. 2년에 한 번씩 열리는 미국원면소싱회의는 미국 전역의 코튼 거래업체들을 비롯해 전 세계 주요 방적공장 및 원단제조업체들이 한자리에 모이는 업계 최대의 행사다.

COTTON USA관에서는 전 세계 브랜드 및 리테일러와 협업하고 COTTON USA 마크 사용 계약 정보 및 소비자 조사로 증명된 COTTON USA 마크에 대한 소비자들이 갖는 가치와 선호도에 대한 정보도 얻을 수 있다. 또한 COTTON USA는 미국 면화생산업이 이룬 지구 지속가능성의 노력 성과와 글로벌시장 개척, 전 세계 소비자 시장 라이프스타일 분석 자료, 면직물, 의류 제조업자 다자간 공급망을 연결해주는 COTTON USA 소싱 프로그램에 대한 정보를 제공한다. 이로써 COTTON USA는 면산업의 생태계가 발전되고 공적 가치가 실현되는 결과를 이끌었다.

파트너와의 공존은 함께 성장하는 방법이다. 공존을 이끌 때 공적 리더십이 발휘된다. 앞의 사례들로 공존의 의미를 다시 생각해보자.

경쟁자와의 상생

경쟁자와의 상생으로 산업의 신뢰를 증가시키는 기업은 경쟁자는 물론 고객에게까지 사랑받는다. '기업에게 경쟁자는 적'이라는 말을 옛말로 만드는 회사들이 등장하고 있다.

경쟁자를 비하하지 않으며 경쟁사와의 상생으로 산업의 생태계를 발전시키고 공적인 부분에서 가치를 실현하는 기업들이 있다.

특허권이란 새로운 기술이나 디자인 등을 발명한 사람이 그 내용을 다른 사람에게 공개하는 대가로 일정기간 동안 이익을 누릴 수 있도록 법적으로 보장해주는 권리를 뜻한다. 앨론 머스크가 설립한 테슬라 같은 기술 중심 기업에서는 기술력이 곧 그 회사의 경쟁력이기 때문에 특허를 대단히 소중하게 다룬다. 그런데 200개의 특허권을 열심히 개발하고 오픈소스를 세상에 공개한 테슬라는 경쟁사들의 성장으로 산업생태계의 발전을 도모하고 있다. 이런 테슬라의 모습은 분명 고객에게 사랑받을 것이다.

친환경 신발회사 올버즈는 전 뉴질랜드 프로축구선수 팀 브라운과 친환경 해조류 제조기업 대표이자 재생가능 재료 전문가인 조이 즈위링거에 의해 2015년에 설립한 스타트업이다.

신발을 만들 때 일부 소재만 친환경 소재를 사용한 것이 아니라 신발 전체를 친환경 소재로 만들고 싶었다. 그래서 신발 표면은 뉴질랜드산 메리노 울로, 신발 밑창은 사탕수수로 만들었다. 이들은 탄소배출량을 줄인다는 분명한 목적을 갖고 신발을 제작했다. 이는 올버즈의 가장 큰 특징 중 하나가 되었다.

이런 임팩트를 확산하기 위해 사탕수수 밑창기술을 오픈 소스로 공개했다. 이것은 많은 신발업체들이 환경을 생각하는 제품을 생산하고 올버즈의 친환경 가치에 동참하기 바라는 마음에서 비롯했다. 스타트업이 자신들만의 고유 기술을 세상에 공개한다는 것은 이윤 문제로 인해 쉽지 않았을 것이다. 그럼에도 환경보호라는 공적 가치가 신발산업군에서 확산하고 산업생태계에서 환경을 생각하는 움직임을 이끌어내기 위한 결정이었다.

이것은 공적 리더십의 발휘가 이끌어낸 결과다. 많은 기업들이 공적 가치를 지향하고 공적 리더십이 발휘되길 기대한다.

지역사회와의 동반

기업은 지역사회와 조화를 이루어야 한다. 21세기는 지역사회와 동반하는 것이 이루어질 때 비로소 기업은 위대한 기업에서 사랑받는 기업으로 성장할 수 있는 시대다.

일본의 글로벌 유통기업 이온그룹은 고령화시대에 새로운 가치를 창출하기 위해 지역사회의 고령화 노인들과 함께 새로운 비즈니스 모델을 구축했다. 고령화 노인들이 그 지역에서만 맛볼 수 있는 먹거리를 만들거나, 특산물을 재료로 전통 요리법을 계승한 향토요리를 개발하거나, 재배에서 가공까지 전통방식으로 만들어지는 특산품 등을 판매하는 것이다. 그 결과 농촌을 살리고 노인들의 일자리를 창출하며 새로운 가치를 만들어가고 있다. 지역사회와 고령화 노인분들이 조화를 이루게 한 원동력은 바로 공적 리더십이다. 지역사회에 관심을 갖고 그 안에 공적 가치 영역을 발견한다면 공적 리더십을 발휘할 수 있는 방법 또한 발견할 것이다.

글로벌 기저귀 브랜드 P&G 팸퍼스는 지난 2006년부터 UN 산하 아동구호기관인 유니세프와 파트너십을 맺고 어린아이들의 질병 근절을 위한 캠페인을 적극적으로 전개해왔다. 팸퍼스는 글로벌 생활용품 기업 P&G의 판매 1위 기저귀 브랜드다.

P&G와 유엔아동기금은 파상풍이 팸퍼스 판매를 통한 기부금으로 예방접종을 하기에 가장 알맞은 질병이라는 결론을 얻었다. 저개발국에서는 상당수 산모들이 비위생적인 환경에서 출산하는 경우가 많기 때문에 산모와 아기가 모두 파상풍 감염에 매우 취약한 실정이다.

파상풍은 산모와 아기의 생명을 심각하게 위협할 만큼 치명적인 질병으로 꼽힌다. 실제 저개발국의 수많은 신생아와 산모들이 매년 파상풍으로 아까운 목숨을 잃고 있는 실정이다. 하지만 임산부에게 파상풍 예방주사를 투여하면 산모와 아기를 모두 보호할 수 있다.

팸퍼스와 유니세프는 11분마다 신생아의 목숨을 앗아가고 있는 모자파상풍으로부터 소중한 생명을 지키기 위해 총 3억 개의 백신을 전달했으며, 이는 미국 전체 인구수와 비슷하다. 그 결과 1억 명 이상 산모들과 아이들을 모자파상풍으로부터 지켜냈다. 뿐만 아니라 조산사를 파견해 외진 지역에 거주하는 산모들에게도 예방접종에 대한 교육과 깨끗한 분만환경의 중요성을 교육하고, 스스로 모자파상풍을 예방할 수 있도록 돕고 있다.

P&G는 더 나아가 캠페인으로 문제를 지역사회에 알리고 기업과 지역사회의 동참으로 문제를 해결하기 위해 노력했다. 그래서 실시된 캠페인이 이른바 '원 팩 원 백신(One Pack=One Vaccine)'으로 명명된 캠페인이다. 소비자들의 제품 구매를 기부와 연결시켜 전체

적인 판매 증진을 도모하려는 구상이었다.

실제로 팸퍼스를 구매하는 젊은 엄마 소비자들의 뜨거운 호응이 기폭제 역할을 했다. 일회용 기저귀 한 팩을 구매할 때마다 예방주사 1인분을 제공하는 기부 방식이다. 이에 대한 주부들의 반응이 다른 어떤 기부 방식보다 적극적이고 호의적인 것으로 나타났다. 당시 소비자들은 단골 브랜드를 바꾸고 추가 비용을 지불하더라도 기꺼이 동참하고 싶다는 반응을 보였다. 단지 자신의 아이에게 필요한 기저귀를 구매할 뿐인데도 그것으로 다른 아이의 생명까지 구할 수 있다는 점이 젊은 엄마들의 감성을 파고든 것이다.

이것은 지역사회와 동반하는 것을 이룬 공적 리더십의 훌륭한 사례다. 공적 리더십이 발휘되었을 때 공적 가치 역시 실현될 수 있다.

공적 리더십을 발휘하는 다섯 가지 방법론을 공적 리더십을 발휘하는 다양한 기업들의 사례로 확인해 보았다. 공적 리더십은 목적의 정당화가 아닌 방법의 정당성이다. 다시 말해 공적 가치를 추구한다 하더라도 그 방법이 공적인 영역, 대표적으로 앞에서 제시된 다섯 가지 영역에 있는가라는 질문을 던져본다. 방법이 공공의 영역에서 타인에게 공동선을 베풀었을 때 공적 리더십이 발휘되었다 할 수 있다.

사적 리더십에서
공적 리더십으로

공동선의 추구
인류 문제를 해결하기 위하여
환경이 살아야 기업도 산다
지역개발로 바뀌는 것들
다음세대를 위한 오늘

05

—

공동선의
추구

고객 건강이 최우선이다, 홀푸드마켓

글로벌 산업계를 뒤흔들고 있는 기업은 단연 세계 최대 온라인 쇼핑몰 아마존이다. 수많은 기업을 인수해 업종을 가리지 않고 영향력을 발휘하는 것이 특징이다. 유통기업인데도 IT와 연관된 제4차 산업혁명의 선두에 있다는 평가를 받을 정도다.

그런데 2017년 6월, 역사적인 인수가 발표되었다. 아마존이 '착한 기업'으로 손꼽히는 미국 친환경 유기농 식료품점인 홀푸드마켓을 아마존 역대 최대 금액인 137억 달러(한화 15조 원)에 인수하기로 한 것이다. 더 이례적인 것은 보통 인수 발표 후 인수한 기업의 주가는 자금 부담 때문에 떨어지게 마련인데, 오히려 아마존의 주가는 급등해 아마존 기업가치 상승분이 홀푸드마켓 인수가격을 넘어선 것이다. 금융시장이 홀푸드마켓의 인수가 아마존의 미래에 큰 도움이 될 것이라고 인정한 것이다.

홀푸드마켓에는 어떤 매력이 있기에 이런 이변을 낳은 것일까?

우리나라에는 매장이 없기 때문에 국내에는 널리 알려져 있지 않지만, 이 기업의 사업 범위는 유기농 유통, 콘셉트는 친환경이다. 홀푸드마켓은 인공 첨가제가 포함되지 않은 유기농식품을 전문적으로 판매하는 미국의 슈퍼마켓 체인점이다. 북아메리카와 영국에 479개의 점포가 있으며 친환경 먹거리를 중시하는 수많은 고객들에게 사랑받고 있다.

1980년 텍사스 오스틴의 작은 식료품점으로 시작한 홀푸드마켓은 이제 미국 연방정부에 'GMO 표시제도' 시행을 압박하는 영향력을 가진 업체가 되었다. 홀푸드마켓이 2018년까지 자체적으로 GMO 표시제를 전면 시행하기로 하자 다른 유통업체들도 이 흐름을 따라나서고 있을 정도다.

"GMO를 전혀 함유하고 있지 않다고 표시한 어떤 제품의 경우 매출이 15퍼센트 늘었다. GMO 표시는 고객들의 요구에 따른 것"이라는 것이 홀푸드마켓의 설명이다. 또한 홀푸드마켓은 안심하고 먹을 수 있는 자연식품을 엄선해 소비자들에게 제공하고, 직원들과 지역사회 구성원이 행복을 느낄 수 있도록 하는 것이 이 회사가 추구하는 핵심가치다. 홀푸드마켓이 지역사회의 안전한 먹거리와 고객의 건강을 지키기 위해 노력한다는 증거다.

홀푸드마켓은 아주 독특한 인사제도를 가지고 있다. 하나의 매장은 식료품, 건강식품, 베이커리, 어패류 등 8~10개의 팀으로 운영된다. 팀은 강력한 의사결정 권한을 가지는데, 이번 달에 어떤 물건을 팔지, 얼마에 팔지, 어디서 공급할지, 어떻게 홍보할지를 회사가 아닌 팀이 스스로 결정할 수 있다. 결정한 상품은 본사의 철저한 품질 기준을 통과해야 한다.

그리고 한 달 후 팀 성과에 따라 자동으로 다음 달 보너스가 결정되는데, 특이한 것은 직원들이 다른 매장, 다른 팀의 목표와 성과, 보너스 금액까지 모두 시스템에서 조회할 수 있다는 점이다. 팀에 권한과 책임을 주고, 보상은 투명하게 결정하는 것이다.

팀 성과가 잘 나오려면 구성원과 팀워크가 매우 중요한데, 그래서 팀은 필요한 인재를 스스로 뽑고 결정할 수 있는 인사권도 가지고 있다. 신규 직원은 한 달간 팀에서 인턴으로 근무한 후 팀 구성원 3분의 2 이상의 동의를 얻어야만 정식 직원이 될 수 있다. 함께 일하는 동료들의 생각이 가장 중요하며 팀의 인사권을 존중하고 있다. 우리와 함께 일할 사람은 우리가 뽑겠다는 말이다.

실제로 홀푸드마켓 매장에는 비건, 글루텐프리, 유제품이 함유되지 않은 제품 등 일반 슈퍼마켓에서는 쉽게 찾을 수 없는 친환경제품이 다양하다. 심지어 홀푸드마켓에 진열된 제품들은 철저하게 동물 학대를 하지 않은 것이어야 한다. 닭, 돼지, 소 등 모든 육류는 '우리나 새장 등에 갇혀 있지 않아야 하고 다리를 뻗을 수 있어야 한다'는 규정을 지켜야만 홀푸드마켓에 납품할 수 있다.

홀푸드마켓의 '착한 기업' 이미지는 미국 청년들의 열광적인 반응을 얻었다. "조금 비싸지만, 더 건강하게, 더 윤리적인 구매를 하고 있다."는 의식을 가진 소비자가 늘어났기 때문이다.

지금 홀푸드마켓은 세계 각국에 470여 개 매장을 갖춘 대형기업이다. 그 배경에는 '완전한 식품, 완전한 인간, 완전한 지구'라는 독특한 철학이 있다. 창업자 존 맥키는 홀푸드마켓만의 경영 이론을 이렇게 설명했다.

"사람은 먹지 않고 살 수 없다. 기업 역시 이익을 남기지 않고는 살 수 없다. 사람들 환경에 유익한 친환경식품을 판매하면 기업도 살고 사람도 살 수 있다."

홀푸드마켓은 무조건적인 이윤 추구에만 매달리지 않았다. 무엇보다 이익금 중 일부를 지역경제로 환원한다. 도시 인근 농장에서 지역 농부들이 기른 제품을 따로 팔기도 한다. 이민자나 소수 민족의 채용 비율은 유난히 높다. 깐깐한 품질관리로 소비자의 신뢰도 얻었다.

홀푸드마켓이 이렇게 사랑받는 이유는 소비자와 지역 사회, 기업 모두가 원원하는 '동반성장'을 강조할 수 있어서다. 이는 그간 수많은 대형 기업들이 매출이나 주가와 같은 숫자에만 매달리다가 시장에서 도태된 것과는 다른 행보다.

지역 사회를 위해 회사 에너지 소비 전체를 커버하는 재생에너지를 풍력발전소에서 구매해 사용하며, 자체 생산물 처리 공장을 두고 친환경기업으로의 몫도 다하고 있다. 이렇다 보니 홀푸드마켓은 업계 평균의 약 10퍼센트 정도만 마케팅 비용에 투자하더라도 매년 급격한 성장세를 기록하고 있으며, 일반 식품들보다 약 1.5배에서 두 배 비싼 가격의 제품들을 판매하고 있어도 고객들이 서로 자신의 동네에 유치하고 싶어 하는 마켓이 되었다.

홀푸드마켓은 고객들이 브랜드에서 철학부터 실행까지 생각과 말, 행동의 일관성을 발견했을 때 어떤 사랑으로 보답하는지를 잘 알 수 있는 사례다.

최근 국내 여러 브랜드들도 롤모델로 홀푸드마켓을 꼽고 있는데, 진정 홀푸드마켓으로부터 배워야 할 것은 유기농 제품 콘셉트나 독특한 매장 분위기만은 아니라는 점을 꼭 명심하길 바란다. 진심으로 고객들의 건강을 생각하고 고객들이 진정으로 원하는 것이 무엇인가에 집중하는 것. 이런 관심과 실천이 홀푸드마켓의 성공 원인이 아니었을까.

러쉬가 일으킨 윤리적 혁신

최근 소비자들이 '착한 기업'에 눈을 돌리고 있다. 자신이 지향하는 가치를 지닌 기업이나 제품에는 가격에 상관없이 기꺼이 소비할 의향이 있지만 사회적 책임을 다하지 못하는 기업이나 제품은 대체재를 찾는다. 이른바 가심비, 즉 가격 대비 심리적 만족도를 중요하게 여기면서 모피 의류를 불매하거나 공정무역 상품을 구입하는 행위가 그렇다. 그래서 각광받는 브랜드가 착한 기업 러쉬다.

러쉬는 유기농 과일과 채소, 식물, 꽃 등을 이용해 천연 화장품을 생산하는 브랜드다. 1995년 설립해 10년 만에 50여 개국에 진출했고, 20여 년 만에 1000여 개 매장에서 연매출 10억 파운드(약 1조 4,700억 원)를 기록 중인 기업으로 성장했다. 이런 고성장이 가능했던 것은 친환경 제품뿐만 아니라 러쉬의 '착한 마케팅'이 일조했다.

러쉬는 영국 도싯 주의 풀에 본사를 두고 있는 화장품 소매업으로, 영국의 두피모발 전문가인 마크 콘스탄틴과 뷰티 테라피스트인 리즈 위어가 설립했다. 영국 풀의 한 미용실에서 처음 만난 둘은 몇 년 후 자연친화적인 헤어와 미용 제품을 판매하는 사업을 시작하기로 마음먹는다. 러쉬는 전 세계적으로 51개국에서 935개 매장을 운영하고 있다. 현재 우리나라에는 71개의 매장이 있다.

러쉬는 광고를 내는 대신 환경과 인권 보호에 앞장선다. 러쉬는 광고에 돈을 거의 쓰지 않는다. 톱스타를 내세워 포장된 광고를 TV에 내보내는 대신 환경운동과 사회 운동에 앞장선다. 원칙적으로 러쉬는 동물실험에 반대하며, 동물실험을 하는 업체와는 거래하지 않는다. 심지어 세계 최대 시장인 중국의 "동물실험을 하지 않은 제품 반입을 금지한다."는 말에 중국 시장 진출을 거부했다.

또 화장품 업계 최초로 팜오일이 들어가지 않은 비누를 생산하기도 했다. 무분별한 팜오일 산업으로 인해 자연 삼림이 파괴되고 오랑우탄이 살 수 있는 터전이 줄고 있다는 점을 강조하며 2010년부터 3년 동안 '팜프리 캠페인'을 진행하기도 했다.

이 외에도 각종 환경, 인권과 동물권을 보호하는 캠페인을 진행한다. 2007년부터 진행 중인 쓰레기 줄이기 캠페인 '고 네이키드'나 여우사냥의 합법화를 반대하는 시위 등이 그렇다. 러쉬코리아도 동물보호단체 '카라', 위안부 피해자의 인권증진을 위한 협회 '민족과 여성역사관' 등과 손잡고 후원금을 전달하는 등 적극적인 기부활동을 이어가고 있다.

소비자들의 기부를 독려하는 마케팅도 있다. 러쉬의 대표적인 착한 상품으로 꼽히는 로션 채러티팟은 부가세를 제외한 판매금 100퍼센트가 모두 기부된다. 채러티팟 뚜껑 라벨에는 후원했던 단체의 캠페인 내용을 담고 있는데, 채러티팟으로 발생한 기부금은 비영리 소규모 단체를 후원하는 데 쓰인다.

윤리적 실행력, 기업의 사회공헌은 당연한 활동이다. 러쉬의 성공 비결에는 러쉬의 '윤리적 실행력'에 있다. 사회공헌 활동을 기업 경영 활동의 단순한 일부로 보는 것이 아니라, 함께 안고 가야 할 주제로 보는 것이다. 그리고 사람들이 그러한 러쉬의 노력과 가치를 알고 윤리적 실행에 동참하는 것이 그들이 사랑받는 이유다.

러쉬는 사회공헌의 요소가 기업활동 곳곳에 녹아들게 해 제조 과정부터 판매까지 러쉬의 윤리적 철학을 담고 있다. 동물실험을 반대하고, 화장품에 쓰이는 팜오일 때문에 훼손되고 있는 열대우림을 보존하며, 바디로션의 수익금 전액을 인권, 동물보호, 환경보호 비영리단체에 기부하는 등의 여러 캠페인은 여타 다른 NGO나 환경활동가들과 견줄 만큼 러쉬에서 큰 부분을 차지하고 있다.

결국 러쉬는 단순한 홍보효과가 아닌 진정성으로 승부하며, 캠페인과 비즈니스 모델을 분리해 진정성을 아는 소비자들의 신뢰를 사 러쉬만의 고유한 차별성인 진정성을 얻었다. 그리고 이 러쉬의 진정성은 또 다른 소비자들에게 신뢰를 쌓고, 이는 기업 성과와 직결되는 마케팅이 되었다. 러쉬는 환경보존에 관심을 갖고 윤리적 실행력을 실천하고 있으며, 이로써 자연을 건강하게 하고 고객들부터 칭찬받는 기업이 되었다.

공유가치로 일자리를 만든 두손컴퍼니

"앞으로의 비전은 사회적 대기업이 되는 거예요. 기업들은 소명을 가지고 있기 마련이잖아요. 저희가 이 회사를 세운 목적, 즉 소명은 사회에 좋은 일자리를 많이 만드는 거예요."

두손컴퍼니의 박찬재 대표는 회사 설립 목적을 이렇게 답했다.

'홈리스가 만든 종이 옷걸이'로 주목받았던 두손컴퍼니는 전 직원의 절반 정도가 노숙인으로 구성되어 있는 사회적 기업으로, 현재는 물류 배송 업체로 탈바꿈해 성장세를 기록하고 있다.

두손컴퍼니는 2012년 옷걸이를 아이템으로 창업했으며, '일자리를 통한 빈곤퇴치'라는 미션을 토대로 물류사업을 혁신해 일자리를 창출하고 있다.

박찬재 대표는 2011년 서울시에서 서울역 노숙자를 강제로 쫓아내고 있다는 기사를 접한 후 노숙인 사회문제에 대한 관심을 둔다. 기사를 본 뒤 이틀 동안 서울역에 가서 노숙자들을 만났는데, 평소

관념적으로 노숙자의 이미지와는 너무 달랐다고 한다. 나중에 안 것이지만 좋지 않은 행태를 보이는 이들은 전체 노숙자의 10퍼센트도 안 되었다. 박 대표가 만난 이들은 자활 의지를 가지고 쉼터에서 열심히 생활하는 사람들이었고 그때부터 어떻게 도울 수 있을까 고민하기 시작했다.

"그들을 돕고 동반 성장하기 위해 사업 초기 단계에 꼬박 6개월을 그들과 함께했다. 얘기를 들어보니 지속 가능한 일자리에 대한 욕구가 컸다. 그래서 일자리를 어떻게 만들 것인지 생각했다."

처음 두손컴퍼니는 2012년 옷걸이를 아이템으로 창업했으며 점차 물류사업으로 확장했다.

옷걸이 사업은 B2B가 기반인 데다가 대단한 자본력을 가지고 시작한 사업이 아니어서 내세울 정도의 고객을 확보하지는 못했다고 한다. 종이 옷걸이를 만드는 제조사업부는 한화 이글스에 납품했고, 뽀로로와 연예인 옷걸이 등을 만들었다. 교복 브랜드와 버커루, 유니클로 등이 두손컴퍼니의 고객사였다.

두손컴퍼니는 노숙자들에게 옷걸이 제작 일감 등 일자리를 제공하기 위해 노력했다.

흔히 노숙자들을 거리에 있는 위험한 사람으로 생각하지만 거리 노숙인은 전체 비중의 30퍼센트밖에 되지 않았다고 한다. 대부분의 노숙인들은 쉼터에서 지내며 자활을 준비하는 사람들이었고. 두손컴퍼니는 이들을 타깃으로 삼았다.

쉼터와 미리 이야기해 부자재를 들고 가서 그들에게 일감을 가져다주는 형식을 취했다고 한다. 박찬재 대표는 "처음엔 사회문제에 대한 도전으로 시작했고, 그 다음은 노숙인에 대한 사명감으로 지냈던 것 같다. 지치는 줄도 모르고 일을 했다. 요즘은 그분들이 술을 끊거나 가족과 연락하는 모습을 보면서 일하고 있다. 그 때마다 뿌듯함을 느낀다."라는 말을 전했다.

최근 두손컴퍼니가 고용한 분이 기거 중인 쉼터의 복지사에게 연락이 왔다고 한다. 우리 회사의 직원으로 일하면서 번 돈으로 집을 얻어 쉼터를 나가신다고 고맙다고 하셨단다.

"작은 회사가 힘을 가지고 커지면 사회에 많은 부분을 변화시킬 수 있다고 믿는다."

큰일이라고 생각하진 않지만 누군가에게 꼭 필요한 일을 하고 있는 두손컴퍼니의 자부심이다.

박 대표는 사회와 기업이 상호호혜적 관계라고 강조했다. 그는 "처음엔 나는 주체고 사회문제는 객체라고 생각해서 해결해야 하는 대상으로 봤다면 지금은 외려 사회에서 우리가 도움을 받고 있는 존재라고 생각한다."며, "회사의 성장이 곧 사회문제 해결과 직계되는 경우가 많은 것 같다."고 말했다.

지금까지 배워왔던 기업의 존재 목적은 이윤창출이었지만 진정한 존재 목적은 고객가치를 창출하는 것이다. 사회문제에 귀 기울이며 그 문제를 해결하기 위해 적극적으로 비즈니스세계에 사랑을 전하는 두손컴퍼니와 박찬재 대표에게서 기업이 사회공헌에 큰 기여를 함으로써 일어나는 선한 영향력을 엿볼 수 있다.

　기업은 이익만을 추구하는 존재인가 아니면 사회문제에 발 벗고 나서서 지역사회에 선한 영향력을 끼치는 존재인가. 우리는 고민해봐야 한다. 미래의 우리 사회가 정부, 기업 국민들이 한마음이 되어 지역사회 문제에 귀 기울이며 더 나은 대한민국을 만들어가기 위해 각자의 자리에서 사회문제를 바라보고 적극적으로 변화를 일으킬 마음가짐을 가져야 한다.

직원을 선착순 채용하는 **더바디샵**

더바디샵은 화장품, 메이크업 제품을 포함한 1,200가지 정도의 제품을 가진 영국의 브랜드다. 65개국 이상에 3,000개 이상의 매장이 있으며, 1980년대 후반부터 사회, 환경에 관한 캠페인을 더바디샵의 홍보 방법으로 사용하기 시작했다.

1997년도에 창업자 아니타 로딕은 여성의 자아존중감을 높여주고, 방송 매체가 여성에 대한 고정관념을 만드는 것에 반대하는 세계적인 캠페인을 시작했다. 1976년에 아니타 로딕에 의해 설립되어 2006년 로레알에 매각되었다. 이후 2017년에 브라질 회사인 나투라에 다시 매각되어 현재는 나투라의 자회사다. 본사는 리틀햄프턴에 있다.

더바디샵은 동물실험 금지에 앞장서고 원료 대부분을 공정 무역으로 조달하는 등 '착한 기업'으로 유명하다. 그런데 최근에는 직원 채용까지 '착하게' 바꾸고 있다. 이 회사는 2019년 9월 미국 노스캐

롤라이나주의 물류센터 직원 200명을 뽑으면서 새로운 실험을 했다. 엄격한 내부 기준에 따라 선발하던 것을 단 세 개의 질문으로 전부 대체했다.

미국에서 일하는데 법적인 문제가 없는가?

하루 8시간까지 근무할 수 있는가?

23킬로그램의 무게를 들 수 있나?

이 세 가지 질문으로 별도의 기준 없이 사실상 선착순 채용을 한 셈이다.

이 회사는 이렇게 뽑은 결과에 크게 만족스럽다는 반응이다. 원래 물류센터는 이직률이 높은데 크게 낮아졌기 때문이다. 이직률이 2018년 11~12월에 38~43퍼센트였던 반면, 2019년 11~12월에는 14~16퍼센트로 낮아졌다. 이는 선착순 채용 덕분에 일자리가 가장 간절한 사람 위주로 뽑을 수 있었기 때문이다. 그래서 2020년 여름부터는 일반 매장 800~1,000명도 이런 방식으로 채용할 계획이다. 이력서 검토와 면접, 신원 조회 등에 들던 비용은 교육과 복지에 쓸 예정이다. 미국 더바디샵 총괄매니저는 다음가 같이 이야기했다.

"이들은 자신들이 얼마나 직장을 구하기 힘들었고 이곳에서 잡은 기회가 얼마나 소중한지 우리에게 말했어요. 간절한 사람에게 기회를 주면 열심히 일하는 것으로 보답합니다."

그런데 더바디샵이 인사팀을 파견해 채용의 롤모델로 삼은 회사가 있다. 직원 190여 명의 브라우니 제조회사 그레이스톤 베이커리다. 이 회사는 미국의 유명 아이스크림 벤앤제리에 33년째 납품하고 있는데, 최고 인기 상품인 '초콜릿 퍼지 브라우니'에 이곳 브라우니가 들어간다. 2012년부터는 홀푸드마켓에도 납품한다.

그레이스톤 베이커리 본사가 있는 곳은 미 전역에서 노숙자 비율이 가장 높았던 뉴욕주 용커스시로, 전과자 비율도 높았다. 창업자 버지글래스만은 1982년 이곳에 브라우니 공장을 세우고 직원의 70퍼센트를 신상정보나 전과기록조차 묻지 않고 일하겠다는 사람들을 채용했다. 그러자 마치 맛집에서 대기줄을 서듯 채용이 이뤄졌다. 회사로 와서 지원 명단에 이름과 전화번호를 남기고 가면 자리가 날 때마다 순서대로 일하게 하는 방식이다. 어떨 때는 6개월~1년을 기다려야 자리가 나기도 했다.

처음에는 이런 채용 방식에 회의적인 시선이 많았다. 노숙자와 전과자까지 포함해 선착순으로 뽑아서는 공장이 운영되기 어렵다는 것. 하지만 이 회사는 지금 매출 2,000만 달러(237억 원)의 흑자 회사다.

그레이스톤 베이커리는 선착순으로 채용하는 대신 제대로 교육을 했다. 채용한 뒤 6~10개월 유급 수습기간을 둔다. 이 기간 굽는 기술, 식품안전, 문제 해결력, 협업 기술까지 모두 교육한다. 그런 뒤 교육을 실무에 얼마나 잘 적용하는지, 근태 기록 등을 보고 최종 채용 여부를 결정한다. 합격률은 40퍼센트 정도이며 60퍼센트는 다음 대기자에게 기회가 주어진다.

직원들은 어렵게 얻은 일자리라서 더 열심히 일했다. 이 회사 직원의 절반 이상이 전과기록이 있다. 취직 기회가 제한적이다 보니 이들은 어렵게 얻은 일자리에 최선을 다한다. 일단 정규직이 되면 이직률이 12퍼센트(미국 제조업체 이직률 30~70퍼센트)에 불과하다. 처우 역시 처음에는 최저임금을 받지만, 능력에 따라 최대 6만~7만 달러(약 7,200만~8,400만 원)까지 받는다.

디온 드류라는 직원은 2009년 시급 7.15달러(약 8,600원) 수습으로 시작해 지금은 시급 25달러(약 3만 원)를 받는 관리자로 승진했다. 용커스 출신인 그는 가족을 부양하기 위해 15살부터 마약 판매에 가담했다가 4년 징역을 살았다. 입사 3년 만에 수석 오퍼레이터가 된 직원도 있었다.

"이곳에서는 열심히 일하면 기회가 오고 직원들은 그것을 잡기만 하면 된다. 나는 6개월의 수습을 거쳐 정직원이 되었다. 물류창고에서 벤앤제리로 보낼 제품박스 쌓는 일을 1년간 했다. 그때 회사에서 수석 오퍼레이터를 내부 선발했고 나는 망설임 없이 지원했다. 6개월 교육기간을 거쳐 승진했다."

이 회사는 선착순 채용으로 일자리가 가장 간절한 사람들을 뽑으면서 가장 열심히 일할 사람들을 채용할 수 있었고 전형에 들어가는 비용을 절감할 수 있었다. 이 성과가 알려지면서 문의를 해오는 기업이 많아지자 이 회사는 2018년 '열린채용센터'를 열고 인사 담당자들에게 교육도 하고 있다. 이 회사는 '딱 1명'이라도 일단 시도해보라고 조언한다.

"많은 기업들이 일하려는 사람들을 자기들만의 기준으로 걸러내고 있다. 의식적이든 무의식적이든 사회적 편견을 강화하는데 일조하고 있다."

대학생이 매장을 운영하는 삭스비

미국 펜실베이니아의 밀러스빌대학교 캠퍼스의 한 카페는 사장도, 매니저와 바리스타, 캐셔 모두 재학생이다. 손님들은 선배가 운영하는 가게에서 동기가 내려주는 커피를 마시고 수업을 들으러 간다. 어떤 느낌이 드는가? 친근하지 않은가? 이곳은 미국의 커피회사 삭스비의 밀러스빌대학교 매장이다.

삭스비라는 브랜드 이름은 미국 유명 백화점인 삭스피프스애비뉴와 스타벅스, 예술작품 경매회사인 소더비 등을 조합한 이름이다. 창업자 베이어는 "발음이 독특하고 열망을 불러일으키면서 고급스러운 느낌이 드는 이름을 짓고 싶었다."고 말한다. 이 회사는 미국에 27개 매장을 가지고 있는데, 이중 절반이 대학교 캠퍼스에 있다.

본사 개입 없이 재학생들에게 운영을 맡기고 있는데, 재학생들이 직접 사장이나 매니저가 되어 가게를 경영한다. 2016년 1개 매장당 매출은 평균 100만~150만 달러(약 11억~16억 원)를 기록했다.

2017년 회사 전체 매출은 3000만 달러(327억 원)를 넘어섰다. 원래 이곳은 한 번 망했던 회사였다. 2005년 창업했지만 2009년 파산보호 신청을 했다. 창업자 닉 베이어는 "커피 체인이 유행이라고 비전 없이 덜컥 창업한 것이 화근이었다. 커피에 대한 애정이 별로 없었던 것이다. 그런 사람이 카페를 하겠다고 나섰으니 얼마나 바보 같은가. 물건 팔 듯 커피를 팔면 되겠다고 생각한 오만함이 부른 실패였다."고 말했다.

그러다 한 투자회사에 인수된 뒤 창업자 닉 베이어는 사업방향을 새로 짰다. 그가 세운 비전은 고객과 함께 크는 회사가 되자는 것, 흔한 말 같지만 여기서 함께 큰다는 것은 실제로 고객과 나이를 같이 먹으면서 더 끈끈한 관계가 되도록 하자는 것이다.

그래서 그는 대학생들에 주목했다. 이들이 대학시절부터 삭스비의 커피를 좋아한다면 사회에 진출해서도 삭스비를 찾을 수 있다는 생각이었다. 그는 2015년부터 매출의 일부를 학교에 주는 방식으로 대학 캠퍼스를 중심으로 매장을 열었다. 이들이 사회에 진출하는 2018년부터는 뉴욕과 실리콘밸리 등에 점포를 낼 계획이었다.

특히 대학생들이 삭스비에 친밀감을 가질 수 있도록 캠퍼스의 커피가게 운영은 선후배 재학생들에게 모두 맡겼다. 대학생들의 일자리를 창출과 더불어 친밀감을 가치로 접근한 것이다. 대학 캠퍼스에 매장을 내는 것도 '고객과 함께 나이를 먹으면서 더 끈끈한 관계를 맺자'는 경영 방침에 따른 것이다. 삭스비의 26개 매장 중 3분의 1이 대학 안에 있다.

캠퍼스 내 매장은 점장부터 매니저, 바리스타까지 모두 대학생이다. 삭스비는 카페를 운영하고 싶어 하는 학생들로부터 사업계획서를 받고 심사를 거쳐 점장을 선정한다. 점장과 수석매니저로 선발된 학생들은 10주 동안 삭스비에서 경영, 마케팅, 회계 등을 교육받는다. 이후 학교로 돌아가 자신들과 함께 일할 직원 30여 명을 모집해 매장을 운영한다. 삭스비 본사 직원들은 일주일에 세 번 매장을 방문해 점검하고 학생들은 매출 등 실적에 따라 보너스를 받는다.

베이어는 "캠퍼스 내 삭스비에서 커피를 마시던 학생들이 사회에 진출한다고 생각해보자. 그들은 스타벅스를 지나쳐 대학 때부터 가던 삭스비로 들어갈 것"이라고 말했다.

이렇게 해서 CEO부터 바리스타까지 팀이 짜이면 실제 운영에 들어가는데, 본사 직원은 일주일에 세 번 매장을 방문해 간단한 점검만 한다. 재학생들은 어려운 점이 있으면 본사에 도움을 요청하기도 하는데, 성과에 대한 책임은 재학생이 져야 한다. 기대 이상의 수익을 올리면 추가 보너스를 받는다. 학생들에게는 사회진출 전에 자기 사업을 해볼 수 있는 기회인 셈이다. 삭스비는 기존 커피체인과 다르게 대학생 인프라를 활용해 바르게 성장하고 있다.

삭스비의 CEO인 닉 베이어는 이렇게 말한다.

"사람들에겐 쉽게 잊을 수 없는 게 있다. 학창시절 먹은 커피와 토스트가 그것이다. 우리의 목표는 이들이 사무실에도 삭스비를 반갑게 맞아주는 것이다. 학창시절부터 신뢰를 쌓아 함께 커가는 것, 그래서 대형 커피브랜드에 밀리지 않는 가치를 얻는 것이 우리의 최종 목표다."

"커피는 누구에게나 열려 있다." 베이어는 삭스비를 '커피기업'이라고 하지 않는다. '지역사회에 봉사하는 공동체'라고 말한다. 파산까지 경험한 그가 기업은 수익을 내야 존속할 수 있다는 사실을 모를 리는 없다. 다만 돈을 버는 것 이상의 가치를 사회에 제공해야 한다는 점을 강조한다.

베이어는 "위대한 커피를 만드는 기업은 많다. 세상은 또 하나의 위대한 커피를 만드는 기업을 필요로 하지 않는다."고 말했다. 삭스비는 손님들이 준 팁을 모아 지역 사회단체에 기부하고 비영리사업을 위한 기금 모금 행사도 연다. 삭스비 직원 400여 명 중 절반 정도는 노숙자와 고교를 중퇴한 청년 등 한때 사회에서 뒤처졌던 사람들이다.

베이어가 직원들에게 강조하는 것은 환대다. 친절한 서비스로 고객에게 기쁨을 주는 것이 삭스비의 사명이라는 말이다. 그는 늘 직원들에게 밝은 미소로 고객을 대하라고 강조한다. 이런 생각에 따라 베이어는 자신만의 직원 채용 기준을 갖고 있다. 사교적이고, 꼼꼼하며, 잘 훈련된 사람을 뽑는다는 것이다. "라테를 만드는 법은 누구나 배울 수 있다. 그러나 자연스럽게 미소 짓는 법은 가르칠 수 없다."는 말에 그의 인재관이 들어 있다.

베이어에게 커피란 무엇일까? 그는 "국적, 나이, 빈부, 교육 수준에 상관없이 누구나 마실 수 있는 것이 커피"라며, "커피는 누구에게나 열려 있다."고 말했다. 베이어는 하고 싶은 일이 많다. 그는 "회사 규모를 두 배로 늘리고 싶다."며 "우리는 성장하기 위해 이 회사를 세웠다."고 말했다.

삭스비는 '돈을 버는 것 이상의 가치를 사회에 제공해야 한다' 는 점을 원칙으로 따르고 있다. 그래서 삭스비는 꾸준히 성장해 지난해 3000만 달러(약 363억 원)가 넘는 매출을 올렸으며, 대학생들의 고용창출을 만들어 내고 이를 통해 사회진출 전에 자기 사업을 해볼 수 있는 기회를 제공한 결과 사회의 건강한 구성원 등을 꾸준히 배출해내고 있다. 고객과 함께 성장하는 기업 삭스비에서 기업과 고객이 함께 시너지를 내는 모습을 확인할 수 있다.

06

인류 문제를
해결하기 위하여

인류 문제 해결은 내 일, 앨론 머스크

잘 알려진 영화 〈아이언맨〉의 주인공 토니 스타크 역의 실존 모델은 테슬라의 최고경영자인 앨론 머스크다. 그는 1971년에 남아프리카에서 태어났고, 25세에 인터넷 지도와 관련한 웹 소프트웨어 회사 집투를 차려 30세를 맞기 전에 약 2,200만 달러의 수익을 얻었다. 그 돈으로 전자결제서비스 업체인 페이팔을 공동 창업했고, 이를 30세 초반에 이베이에 15억 달러에 매각해 1억 6,600만 달러의 수익을 얻었다. 앨론 머스크는 사회 초년 시기부터 비즈니스 모델에 뛰어난 재능을 가졌고 비즈니스 세계의 흐름을 명확히 파악하고 있었다.

33세에 우주선 제작회사 스페이스엑스를, 34세에는 전기자동차 회사 테슬라를, 35세에는 에너지산업을 송두리째 바꿀 태양광 전지 회사 솔라시티를 설립했다. 재능도 재능이지만 비전이 없다면 도저히 실행할 수 없는 일들을 앨론 머스크는 30대 초반에 해냈다.

앨론 머스크는 자신이 해나갈 일에 뚜렷한 사명감을 가지고 있었다. 인류의 문제를 해결하는 것을 필생의 업으로 삼겠다는 것이었다.

인류가 직면한 위기들을 인지했고 자동차의 혁신과 대체에너지 개발, 그리고 다른 행성으로의 이주를 가능하게 함으로써 인류의 위기를 해결할 대안을 마련하려는 것이다. 앨론 머스크가 〈아이언맨〉의 모델이 된 것은 그 자신이 부유한 천재이기 때문만은 아니다. 슈퍼히어로처럼 인류의 문제를 해결하고자 했기 때문이다.

앨론 머스크가 대주주로 있는 테슬라와 태양광업체 솔라시티를 통합하고, 태양광으로부터 생산된 전기로 자동차가 움직이는 수직 계열화된 체계를 완성시키기 위해 노력하고 있다. 이로써 화석에너지에 의존하지 않는 진정한 의미의 친환경 차량의 생산 가능성이 열렸다.

이는 테슬라가 단순히 자동차를 생산, 판매하는 제조업체가 아니라 슈퍼차저로 전기 충전까지 제공하는 서비스업체이기 때문에 가능한 일이다.

또한 테슬라는 전기차 라인업을 개인 자동차뿐 아니라 트럭 등 수송용 차량이나 버스와 같은 공공차량으로 확대하고 있다. 이와 관련해 앨론 머스크는 자율주행 기술을 도입하고 공공교통의 활성화를 가져올 여지가 있다는 전망을 비추었다. 자율주행 시스템은 아직 완벽하지는 않지만 처음 세상에 공개되었을 때 자동차 시장에 큰 충격을 안겨주었다. 자율주행은 미래의 자동차 혁신의 기대가 되는 기술임은 틀림없다.

앨론 머스크의 행보를 보면 기업인으로 표현하기에는 무언가 부족함이 느껴진다. 그는 기업인을 넘어 인류를 위해 끊임없이 노력하는 슈퍼히어로 같은 면모를 지니고 있다.

앨론 머스크의 인류 문제를 해결하기 위한 사명은 미래의 인류에게 새로운 혁신을 제공할 것이며, 제2의 앨론 머스크를 꿈꾸는 이들도 생겨날 것이다. 점차 기업의 이윤추구를 뛰어넘어 지구촌의 인류 문제를 고민하고 함께 해결해 나가는 기업들이 더욱 늘어나길 기대해본다.

디자인에서 찾은 지역사회 문제, IDEO

디자인이 중요해진 시대가 왔다. 우리는 제품의 기능보다 디자인을 먼저 보는 이들을 주변에서 쉽게 찾아볼 수 있다. 혁신의 아이콘으로 잘 알려진 회사 애플은 기능위주의 핸드폰 시장에서 아이폰이라는 디자인 혁신으로 핸드폰 시장 1위를 쟁취했다. 잘 만들어진 공간과 제품을 보면 자연스럽게 "디자인이 예쁘네."라고 말한다. 지금도 새로운 디자인은 계속 탄생하고, 사람들의 눈길을 사로잡으며 조금씩 세상은 아름다워지고 있다.

디자인이 점점 중요해지는 시대에 디자인으로 혁신을 일으키고 이로써 세상을 변화시키는 기업이 있다. 디자인 씽킹으로 유명한 회사, IDEO다.

IDEO는 1991년에 데이비드 켈리 디자인, 아이디 투, 매트릭스 프로덕트 디자인을 합병해 세운 미국의 디자인 이노베이션 기업이다.

어릴 적부터 '창조'하길 좋아한 데이비드 켈리는 대학 졸업 후 보잉사에서 전기 엔지니어로 일하다 나와, 스탠포드대학교에서 공학과 예술이 결합된 디자인 프로그램을 이수한다. 그곳에서 인간 중심적 접근법과 팀 중심적 문제 해결법을 접하고 나서 IDEO의 전신인 데이비드 켈리 디자인을 창업한 후 디자인적 사고자로서 삶의 경로를 바꾸었다.

이후 'ideology'의 앞 글자를 따서 지금의 IDEO를 세우는데, 15명의 디자이너로 시작한 IDEO가 현재는 약 550명의 직원들로 늘었고, 지금까지 수행한 프로젝트는 수천 개에 이르며, 3M, 애플, 이베이, 이케아, GE, P&G, NASA, 삼성전자, 아모레퍼시픽 등 세계 유수의 브랜드들이 IDEO의 고객리스트이다.

IDEO가 최고의 디자인 혁신기업으로 성장하는 데에는 디자인 씽킹(Design Thinkg)이라는 독특한 방식이 있었다. 디자인 씽킹은 사람들은 누구나 창조적 재능이 있으며, 그것에 자신감을 불어넣는 사고방식이자 방법론이다.

IDEO는 디자인 씽킹으로 애플 최초의 컴퓨터 마우스, 세계 최초의 랩탑 컴퓨터, PDA 열풍을 일으킨 팜의 팜v PDA, 일라이릴리의 최초의 인슐린펜, 스틸케이스의 립체어, P&G의 프링글스 패키지 디자인 등 시대의 아이콘이 된 수많은 제품은 물론 아프리카와 인도의 음료수 제공 방법과 페루의 학교 시스템을 개선했다. 이것을 넘어 창조적 혁신을 지속하고 있다. 디자인 씽킹을 통한 혁신이 놀라운 것은 공감과 관찰, 그리고 관점을 바꾸는 것만으로도 훌륭한 결과를 가져올 수 있음을 증명한 것이다.

　　IDEO는 인류 문제에 관심을 갖고 이를 디자인으로 해결할 수 있는 방법을 고민한다. 이 고민을 거쳐 다양한 문제를 디자인과의 접목을 통한 혁신적인 아이디어로 해결한 프로젝트들이 많이 있다.

　　고객에 대한 감정이입이라는 시도가 엄청난 혁신을 가져올 수 있다는 것을 보여준 사례가 있다. 소아환자들이 MRI를 할 때, 기계에 대한 두려움 때문에 검사를 위해 마취제를 투여할 수밖에 없는 상황에서 시작한 GE 헬스케어의 MRI 개선 프로젝트, 기존의 MRI, 엑스레이 등과 기계를 해적선과 우주선을 포함해 무려 아홉 가지의 모험 시리즈로 재구성한 GE의 어린이 MRI-어드벤처 시리즈는 아이들에게 호기심과 즐거움을 제공해 두려움을 줄여주었다.

　　이 프로젝트는 소아환자에 대한 마취제 투여를 급격히 낮추었다. 디자인과 의료기기에 결합은 새로운 혁신을 불러일으켰고 아이들의 건강까지 지켜주는 결과를 일으켰다. 아름다운 장면이 아닐 수 없다. IDEO의 디자인 혁신이 사회에 큰 영향을 끼치고 있다.

　　디자인으로 사회를 변화시키는 IDEO는 디자인에 한계가 없음을 몸소 실천하고 있다. IDEO도 디자인회사 설립 초창기에는 잡지나 인터넷에서 소개되는 전통적인 제품디자인 작업을 해왔다. 하지만 이후 2000년대부터 회사조직 재구성, 교실 환경 개선, 의료서비스 등 새로운 형태의 의뢰를 받으며 디자인의 영역을 넓게 보기 시작한다.

　　IDEO의 조직문화는 서로를 도와주는 문화에서 시작된다고 해도 과언이 아니다.

　　2014년 《하버드비즈니스 리뷰》 1월호에서는 IDEO의 문화를 서로 쌍방적인 도움을 주는 '도움친화적' 기업이라고 소개했다. IDEO

의 리더십은 경쟁보다는 서로 도움을 주고받는 문화에서 싹튼다. IDEO의 CEO 팀 브라운은 "자신의 기업에서 복잡한 프로젝트를 하면 할수록 도움이 필요하다. 어떠한 도움이 필요한지 찾고 관여함으로써 직원들의 부담을 덜어주고 있다"고 말했다.

아직 출시된 적이 없는 제품의 프로젝트를 진행할 때는 절대적으로 누군가의 도움이 필요하다. 브레인스토밍 단계에서 경력이 있는 리더가 참여함으로써 서로가 도움을 주고받는 네트워크를 형성한다. 이것이 IDEO의 문화이고 배려다. 그들이 생각하는 도움을 주는 사람의 기준은 능력, 신뢰, 접근성이다.

서로가 협력하고 도움을 주는 IDEO의 기업문화는 사기를 진작시키고 업무만족도를 향상시킨다. 서로에게 도움을 주는 것을 기업가치로 여기고, 시니어 디자이너가 헬퍼로 나서 주니어 디자이너의 역량을 강화시키는 것이 미덕인 회사가 IDEO다. IDEO가 세계에서 가장 혁신적인 디자인 컨설팅 회사인 이유다.

IDEO는 2011년부터 디자인을 인간 중심의 문제해결 능력을 바탕으로 취약계층의 삶을 개선하는 데 앞장서며 사회 부문을 확장하고 있다. 혁신을 실천하는 재단, 커뮤니티와 파트너십을 맺고, 디자인 솔루션을 제공한 이후에도 혜택을 받은 사람들이 디자인 경험을 발전시키고 지속할 수 있도록 공동체를 만들었다.

초기 5년은 취약계층 환경 개선을 목표로 아프리카 가나의 가정위생 서비스 프로젝트부터 지역협동조합 인큐베이팅, 교육법, 성차별, 식수 문제, 농업, 건강 등 단기 프로젝트를 주로 진행해 왔다면,

현재는 단기 프로그램에서 부족했던 지속성을 보완하기 위해 꾸준한 교육과 지원을 기본으로 지역민의 삶을 변화시키는 활동을 해오고 있다.

IDEO는 전통적인 디자인 제품, 서비스를 넘어 디자인적 사고 툴과 협업 시스템, 의료서비스, 디자인학교, 사회공헌, 온라인 강의, 디자인 솔루션, 커뮤니티 등 지속적으로 디자인 영역을 확장해 지역사회에 도움을 줄 수 있는 방법을 끊임없이 고민하고 실천해가고 있다.

디자인이라는 한 분야의 혁신으로 인류 문제를 해결해가며 흰 도화지 속 아름다운 그림을 그리고 있는 IDEO를 보면서 우리는 기업의 혁신이 한 기업의 이익 추구만이 아닌 세상에 도움을 줄 수 있다는 사실을 알 수 있다. 21세기 급변하는 시장환경의 파도 속에서 사랑받는 기업으로 가기 위해서는 끊임없는 혁신으로 파도 위에서 춤추는 법을 배워야 함을 깨닫는다.

적정기술로 해결한 소외계층, 폴 폴락

빈곤은 인류가 직면했던 문제들 중에서 가장 다루기 어렵고 부끄러운 문제로 손꼽힌다. 현재 지구에 사는 70억 인구 중 약 50억 명은 빈곤층이거나 극빈층이다.

이들은 굶주릴 뿐 아니라 교육에 쏟을 힘과 시간적 여력도 없다. 의료서비스가 부족하거나 전무하다시피 해 질병에 취약하다. 이들은 부양할 수 없을 만큼 많은 아이들을 낳는다. 그래서 빈곤층과 빈곤의 문화는 대물림된다. 희망이 없는 삶은 곧잘 범죄와 마약, 무력분쟁의 삶으로 이어진다. 빈곤층은 이처럼 빈곤 때문에 발생하는 비용을 도저히 감당할 수 없다. 또 빈곤은 타인에게도 독이 된다.

세계은행은 2008년, 절대적 빈곤에 처해 있는 사람들이 12억 9,000만 명이 된다고 추정했다. 이들 중에 약 4억만 명이 인도에 살고 있고, 1억 7,300만여 명이 중국에 살고 있다. 지역별 인구비율을 보았을 때 사하라사막 이남의 아프리카는 47퍼센트로 가장 높은 절대적 빈곤 비율을 보였다. 1940년과 2010년 사이에 약 6억 6,400만 명이 절대적 빈곤 비율을 넘어섰다. 빈곤 문제는 인류의 오래된, 그리고 가장 중요한 도전 과제다.

빈곤 퇴치는 유엔, 세계은행과 같은 국제기구가 달성하고자 하는 주요한 목표이자 쟁점사안이다. 기부금으로 빈곤국가를 지원하는 등 많은 노력을 기울이고 있다. 하지만 이들의 생활을 지속가능하게 도울 수 있는 것은 선진국들의 기부뿐일까?

지속가능한 도움, 빈민들의 본진적인 문제를 들여다보고 이들의 자립으로 삶의 희망의 꽃을 심은 폴 폴락 박사의 적정기술을 이야기한다.

적정기술은 사람들의 삶의 질을 개선하는 데 실질적인 도움을 주는 기술이다. 사람들에게 꼭 필요한 제품을 제공함으로써 사람들의 생활을 편하게 해주고 삶의 질을 높여주는 기술이다. 즉 빈곤과 질병으로부터 싸우고 있는 전 세계 사람들에게 희망을 안겨주는 따뜻한 기술이다. 막대한 원조로도 해결할 수 없었던 고질적인 문제들을 적은 비용으로 효율적으로 해결함으로써 인류가 더 나은 삶을 살아가게 하는 원동력을 제공한다.

예를 들어 물 부족에 시달리는 아프리카에서 한 번에 75리더씩의 물을 담아 굴려 운반할 수 있도록 원통형으로 설계된 물통 Q드럼을 만들었다. 적정기술의 힘이다. 이로써 아이들도 쉽게 물을 운반할 수 있다. 이런 적정기술을 처음으로 주장하고 보급한 이가 폴 폴락 박사다. 폴 폴락 박사는 적정기술의 아버지라 불린다.

　체코에서 태어나 6살에 나치를 피해 캐나다로 이주한 폴락 박사가 처음 살았던 집은 전기도 수도도 없었다. 지독한 가난을 경험했다. 이후 의대에 진학해 23년 간 정신과 의사로 일했다.

　하지만 그가 치료했던 수많은 저소득 환자들은 약이 아무런 도움이 되지 않았다. 폴락 박사는 빈곤이 그들의 정신을 병들게 하고 있다고 생각했다.

　그러던 차에 소말리아 난민캠프에 초대돼 난민들의 열악한 광경에 충격을 받고 빈곤을 해결해야 정신건강을 회복할 수 있다고 확신했다. 그는 단순한 '기부'보다는 '판매'라는 방식으로 가난한 사람을 돕기 위해 1981년 국제개발사업(IDE)을 설립했다.

　IDE의 지원 대상은 전 세계 가장 가난한 800만여 명의 소작농이었다. 저개발국의 농부들이 기부를 받는 것에서 벗어나 그들 개인의 소득을 창출할 수 있게 하자는 것이 설립 목적이다. IDE는 시골의 가난한 사람들을 동정의 대상이 아닌 고객으로 바라보았다.

　IDE가 가장 먼저 한 일은 소말리아 난민들이 사용하는 당나귀 수레를 개선하는 것이었다. 많은 짐을 실을 수 없어 난민캠프에는 늘 물자가 부족했기 때문이다. 그래서 난민캠프 인근 대장장이들과 협력해 폐차장에서 자동차 바퀴와 부품을 모아 수레에 달았다. 그러자 당나귀는 적은 힘으로 더 많은 물자를 옮길 수 있었다.

　대장장이들은 난민들에게 수레를 450달러에 판매했다. 난민들에게는 큰돈이 없으니 IDE가 보증을 섰다. 난민들은 수레에 물자를 싣고 와 캠프에서 팔아 돈을 벌었는데, 두 달 반 만에 수레 값에 이자까지 지불할 수 있었다. 3년 만에 500대의 당나귀 수레가 판매되었다.

IDE는 방글라데시의 가난한 농민들도 찾아갔다. 이들의 하루 수입은 1달러였다. 겨울이면 물이 말라버려 농사도 지을 수 없었다. 지하수가 몇 미터 아래 흐르고 있었지만 수백 달러 모터 펌프는 도저히 살 엄두를 내지 못했다. 이를 본 폴락 박사는 한 네덜란드 엔지니어가 개발한 페달펌프를 들여왔다. 발로 밟아서 물을 퍼 올릴 수 있는 장치다. 1대를 25달러에 판매했고 이로써 농민들은 매달 수백 달러 수입을 올릴 수 있었다.

지금까지 방글라데시, 케냐 등에서 판매된 페달펌프만 300만 대에 달한다.

그런데 폴락 박사는 왜 당나귀 수레와 페달펌프를 모두 무상으로 지원하는 대신 판매를 했을까?

폴락 박사가 철저하게 지켰던 원칙이 이것이다. 현지인들끼리 자생적으로 비즈니스를 키울 수 있도록 하기 위해서였다. 폴락 박사는 현지인들이 수혜자가 아닌 생산자이자 소비자가 되어야 한다고 강조한다.

원래 UN은 보증을 서주고 당나귀 수레를 판매하면 돈을 떼먹는 사람들로 혼란이 가중될 것이라며 무상원조 방침을 고수했다. 하지만 난민들은 수레를 이용해 열심히 일하면 계속해서 돈을 벌 수 있음을 알게 되었고 이 결과 단 한 건의 보증사고도 발생하지 않았다.

덕분에 IDE가 처음 보증을 서준 두 대를 제외하고 나머지는 난민들끼리 서로 보증을 서주고 돈을 빌리기 시작했다. 대장장이들 역시 지속적으로 수레를 개발하고 판매했다. 수레를 매개로 지속가능한 비즈니스가 만들어진 것이다.

비즈니스 생태계는 빈곤층 자립에 매우 중요한 요소다. 폴락 박사는 아무리 빈곤층인 곳이어도 마케팅은 해야 한다고 말한다. 빈곤층을 소비자로 정의했기 때문이다. 폴락 박사는 매년 빈곤국 주민들 중 100가구씩을 심층 인터뷰를 진행하고 이들에게 묻는다.

"당신은 왜 가난한가요?"

가난을 해결할 수 있는 방법을 함께 찾기 위해 계속 질문을 던지는 것이다. 적정기술의 아이디어들은 이렇게 해서 나왔다. 28년간 IDE가 올린 매출은 연평균 2억 8,800만 달러(3,384억 원)이다.

폴락 박사는 세계적 빈곤이 인류 문제의 가장 큰 문제라고 생각했고 소외계층 지원이 비즈니스가 될 수 있음을 제대로 보여주었다. 소외계층에게 물고기를 직접 잡아주는 것이 아닌 물고기 잡는 법을 가르쳐주는 폴락 박사의 사랑은 많은 이들을 감동시킨다.

폴 폴락 박사는 세계 빈곤 문제를 직시하고 '빈곤계층을 자선의 대상이 아닌 고객으로 볼 때 지속가능한 도움이 가능하다'는 그의 기업가정신의 원칙이 소외계층에게 실질적인 자립의 희망을 선물하고 있다. 적정기술로 수많은 사람들에게 희망을 선물하는 그에게서 우리는 오늘 희망을 발견한다.

그래서 더욱 애덤 스미스가 《국부론》에서 한 말을 떠올린다.

"대다수의 구성원이 빈곤하고 비참한 사회는 절대로 풍요롭고 행복해질 수 없다."

07

—

환경이 살아야
기업도 산다

친환경 비즈니스의 대명사, **파타고니아**

파타고니아라는 이름이 생소한 사람이라도 너무도 유명한 이 광고는 들어보았을 것이다. 2011년 블랙프라이데이 때 《뉴욕타임스》에 전면으로 개제된 '이 재킷을 사지 마라(Don't buy this jacket)'라는 파타고니아를 일약 스타덤에 올린 광고다. 옷을 파는 회사가 옷을 사지 말라니 이 얼마나 도발적인 카피인가. 그것도 미국 리테일시장에서 가장 빅시즌이라는 블랙프라이데이에 도대체 이게 무슨 소리였을까? 파타고니아 기업을 이야기해 보자.

파타고니아는 이 세상을 우리 아이들이 좀 더 살만한 곳으로 남기고 싶은 기업이다.

"재킷이나 어떤 것이든 사기 전에 깊게 생각하고 적게 소비하기를 바란다."

이 광고는 2011년 블랙프라이데이 때 《뉴욕타임스》에 전면으로 개제 된 파타고니아를 일약 스타덤에 올린 광고다. 광고에 사용된 R2재킷을 생산하려면 많은 자원이 소모된다. R2재킷을 생산하려면 물 135리터가 소비되며, 이는 45명이 하루 3컵씩 마실 수 있는 양이다. 또한 원산지에서 창고까지 오는 데 20파운드 가까이 되는 이산화탄소가 배출된다. 이는 완제품 무게의 24배나 해당한다. 창고로 오는 길에 이 재킷 무게의 3분의 2만큼 쓰레기가 버려진다. 보다시피 R2재킷은 친환경제품임에도 불구하고 많은 자원이 소모되고 있다.

파타고니아는 원료를 재활용하는 기업으로 유명하다. 실제 친환경적인 요소는 더 많다. 파타고니아는 모든 제품을 재활용하기 위해 자사의 제품을 오프라인 매장이나 우편으로 보내라고 권고한다. 고객들은 자신이 입던 파타고니아 제품이 소각되거나 땅에 매립되어 환경을 오염시키지 않고 재활용된다는 것에 자부심을 느낀다. 파타고니아는 폐제품에서 나오는 오리털을 재활용하고 겉면의 재질도 재활용해 매우 훌륭한 옷을 만들어 낸다. 여기서 훌륭한 옷이란 튼튼한 옷을 의미한다.

이들의 철학은 패스트패션의 반대다. 즉 튼튼해서 오래 가는 옷을 만들고 고객들이 그 옷을 아주 오랫동안 입도록 하자는 것이다. 비즈니스 제품 사이클의 일반적인 통념과는 다른 콘셉트이다. 패스트패션의 특징은 인지도가 높은 브랜드 제품을 입고 일정 시간이 지나면 새 제품을 구매하도록 해 빠른 제품 사이클을 유지하면서 고객들의 지갑을 열도록 하는 것이다. 그런데 파타고니아는 자신들의 제품을 사면 오래 입으라고 강조한다. 재구매를 통한 수익 창출 방법이 아니다.

이들은 심지어 자사 제품의 중고품을 파는 온라인 사이트도 개설했다. 어쨌든 오래 입으라는 것이다. 그런데도 파타고니아의 수익은 줄어들지 않는다. 상대적으로 파타고니아의 제품은 고가이고 따라서 대상 고객은 제한적이다.

미국 월스트리트에서는 금융인들 사이에서 교복처럼 불리는 옷이 파타고니아의 플리스 조끼다. "월스트리트를 걸을 때 이 조끼만 보면 누가 금융업 종사자인지 확실히 알 수 있다."는 말이 나올 정도다. 파타고니아가 환경친화적이지 않은 기업에 조끼를 팔지 않겠다는 방침을 내놓을 정도로 환경적 가치를 중시하고 있다. 이런 고객들을 유치하면 비즈니스 지속 성장도 가능하고 소비 방식의 변화로 친환경적인 소비도 유도할 수 있다.

파타고니아는 원료 조달뿐 아니라 제품제조 과정에서도 공정무역 인증을 받은 공장에서 제품을 생산한다. 그리고 경영활동의 다른 과정에서도 친환경적 방식을 채택한다. 그리고 본사 건물을 친환경적으로 짓고 대체 에너지를 사용한다.

친환경적인 움직임이 패션산업에 확산되면서 기존 패션 브랜드들은 비윤리적인 기업으로 내몰릴 위험에 처했음을 인지했다. 특히 밀레니얼 Z 세대를 중심으로 패스트패션에 대한 비판의식이 커지면서 규모의 경제와 짧은 공급 사이클로 수익을 유지해오던 기업도 위기의식을 느끼고 변화를 추진하고 있다.

파타고니아는 다음과 같은 광고를 한다.

"이 재킷은 아주 높은 기준으로 견고하게 만들어졌다. 그러니 이 재킷을 대체할 새 제품을 자주 살 필요가 없다. 우리는 자연을 위해 많은 일을 했다. 하지만 여전히 해야 할 일이 많다. 그러니 당신이 필요하지 않은 제품이라면 사지 마라."

이 파격적인 광고를 보며 누군가는 '위선적'이라고 했고 누군가는 '고도의 상술 혹은 마케팅'이라고 평가절하하기도 했다. 만약 파타고 니아가 갑자기 '이 재킷을 사지 마라'라는 말을 꺼냈다면 그렇게 평가할 수도 있다. 그러나 파타고니아가 걸어온 길을 조금만 살펴보면 그들의 진심을 단순히 상술이라고 폄하할 수는 없다.

파타고니아는 친환경주의를 그들의 원칙으로 삼고 있지만, 역설적이게도 미션에서 자신들의 비즈니스 활동의 부산물이 환경을 오염시키는 것을 잘 알고 있다고 인정한다.

그리고 이러한 역설적인 사실을 마케팅 및 영업 활동에서 활용하고 있다. 환경에 나쁜 영향을 주는 무분별한 소비주의에 반대하고 친환경주의를 강조하는 이 역설적인 마케팅은 파타고니아를 친환경 기업의 선구자로 인식하게 만들었고 더 많은 고객이 파타고니아 제품을 구매하도록 만들었다. 물론 파타고니아 제품은 70퍼센트 이상의 원료를 재활용하므로 일반 제품에 비해 환경 비용이 훨씬 낮다.

이 광고 이후 2년 동안 파타고니아의 매출은 40퍼센트나 증가했다. 자신의 제품을 포함한 모든 동종의 제품이 본질적인 문제점에서 자유롭지 못하다면서 극단적인 솔루션을 제시하지만, 소비자들이 제품을 구매할 수밖에 없는 현실에서 좀 더 환경친화적인 자신의 제품으로 눈을 돌리게 만들었다. 공통의 문제를 공유하면서도 소비자들의 구매에 의존해 수익을 창출하고 사업을 지속하는 기업이 자사 제품의 친환경적 특징을 차별화해 강조한 영리한 전략이다.

사후 서비스 부문에서도 마찬가지로 사회적 가치가 반영되고 있다. 파타고니아는 북아메리카 지역에서 가장 큰 수선 시설을 갖추고 있고 별도로 수선 키트도 판매하고 있다.

시장에서는 통념적으로 더 많은 제품을 팔아야 더 많은 수익을 거두는 것으로 인식하지만, 파타고니아는 더 많은 옷을 사는 것은 환경에 이롭지 않다는 것을 주장하면서 자신들의 뜻에 동참하는 고객들을 끌어들여 고객을 확대하고 있다. 파타고니아의 이러한 노력에 공감하는 고객들은 강력한 커뮤니티를 형성하면서 높은 브랜드 충성도를 보이고 있다.

파타고니아가 마케팅이나 서비스 영역에서 보이는 이런 활동은 높은 사회적 가치를 반영하면서 가치사슬 내에서 경쟁우위를 가지는 차별화 포인트로 작동하고 있다. 그리고 이런 활동들은 진정성을 갖고 있다.

파타고니아는 2016년 블랙 프라이데이에서 거둔 1,000만 달러의 수익 100퍼센트를 비영리단체에 기부하기도 했다. 그런 활동은 다른 브랜드들은 할 수도 없고 하지도 않는, 파타고니아만 할 수 있는 활동이다. 당신은 당신의 가치를 위해 핵심사업을 포기할 수 있는가?

파타고니아의 창업자이자 산에 미쳐 있었던 이본 쉬나드는 본인이 필요한 등산장비를 만들면서 회사를 시작했다. 그의 회사가 제작한, 암벽등반에 사용하는 쇠못 피톤은 워낙 제품력이 뛰어나 1970년에 미국에서 가장 큰 등반장비 회사로 성장하게 만들었다. 하지만 그의 견고한 장비로 인해 그가 사랑하는 바위가 흉측하게 망가지는 것을 목격하며 그는 큰 결심을 한다. 바위를 망가뜨리는 장비사업을 포기하기로 한 것이다.

당시 그의 회사는 등산장비를 주력으로 생산, 판매하는 회사였다. 사업적으로 거대한 위험이 따르는 결정이었지만 그는 해야만 하는 일이라고 생각하고 주력사업을 포기했다. 과연 그가 이익 창출에만 관심이 있던 사람이었다면 이런 결정을 내릴 수 있었을까?

이후 그는 아웃도어 의류시장에도 진출했다. 끊임없이 신소재를 적용하고 기능성 의류를 제작하며 제품력을 키워갔다. 그 덕분에 주요 사업을 포기했음에도 불구하고 승승장구하며 회사의 매출은 고공성장을 할 수 있었다. 승리감에 취하거나 자만심에 빠지기 쉬운 그때, 그는 이런 생각을 한다.

'테이블 10개로 운영하는 별 3개짜리 프랑스 레스토랑에 테이블을 50개 더 갖다 놓았을 때, 그 세 번째 별이 계속 남아 있을 것인가? 회사도 키우고 별도 많이 다는 것이 가능할까? 또한 이러한 성장세를 유지한다면 자연훼손을 더 확대시키지 않을 수 있을까?'

그는 통제되지 않은 성장이 피타고니아를 성공으로 이끌어 왔던 가치관을 흔들어 놓는다고 판단했다. 그리고 회사의 모든 결정은 자연을 최우선으로 하기로 결심하고 이를 기업경영에 공식적으로 반영했다. 과도한 성장속도에 취해 흔들거리기보다 그들만의 중심을 더욱 단단히 하기 위해서였다. 그는 직원들과 기업의 가치와 미션을 정리하며 활쏘기를 예로 들어 설명했다.

"과녁의 한복판을 맞힌다는 생각을 버리고 활을 쏘는 일련의 동작

하나하나에 정신을 집중한다. 기본자세를 정확히 한 다음 화살통에서 화살을 집어 시위에 걸고 호흡을 가다듬고 시위를 뒤로 당겨 화살을 놓아준다. 이런 과정을 정확히 하면 과녁의 한복판을 맞히지 않을 도리가 없다. 이 철학을 적용하기가 가장 적합한 곳이 비즈니스 세계다. 일단 목표를 확정한 후에는 다 잊어버리고 과녁을 향해 자세부터 모든 과정을 충실히 밟아가는 것이다."

그에게 비즈니스란 자신이 사랑하는 자연을 더 아름답게 남기기 위해 화살을 집고 시위를 뒤로 당기는 일련의 과정이었을 뿐이었다. 그렇기 때문에 피톤을 포기한 이후에도 반GMO 광고, Vote our planet 캠페인까지 그 정신을 이어가고 있다. 그러므로 '이 재킷을 사지 마라'는 갑작스럽기보다 원래 그들이 계속 해오던 일의 연속선상에 있을 뿐이다.

파타고니아는 비공개기업이기 때문에 매출을 공개하지 않는다. 그렇기 때문에 정확한 매출을 알 수는 없지만, 파타고니아는 매년 매출의 1퍼센트를 환경보호를 위해 기부하므로 이를 기반으로 매출을 추정해 볼 수 있다.

파타고니아의 대략적인 매출은 2017년 기준 약 8억~10억 달러(한화 약 8,000억~1조 원)로 예측된다. 이 정도 매출 규모라면 파타고니아는 미국 아웃도어 업체 중 2위다. 그렇다면 1위는 어디일까? 1위는 10억~20억 달러(1조~2조 원)의 노스페이스다. 많은 2등 기업들이 그러하듯이 파타고니아는 노스페이스의 아성을 넘고 1위가 되어 업계 최고가 되고 싶지는 않을까?

파타고니아는 다음과 같이 이야기한다.

"그냥 우리 옷을 가졌으면 하는 고객이 아니라 정말로 우리 옷을 필요로 하는 고객을 원하는 것이다. 우리는 대기업이 되기를 바라지도 않는다. 가장 좋은 회사가 되었으면 하는 것이고, 아무래도 가장 좋은 대기업보다는 가장 좋은 작은 기업이 되기가 용이하다고 생각한다."

위대한 기업보다 사랑받는 기업, 이것이 파타고니아가 추구하는 방향이다. 파타고니아의 목적은 매출이 가장 큰 의류회사가 되거나 브랜드 가치가 가장 높은 회사가 되는 것이 아니다. 그들은 파타고니아가 가진 사명을 '우리는 우리가 사는 지구를 구하기 위해 일한다'라고 말한다.

실제로 이를 위해 행동하는 기업으로서 역할을 한다. 최고의 제품을 만들되 불필요한 환경 피해를 유발하지 않으며, 환경 위기에 대한 공감대를 형성하고 해결방안을 실행하기 위해 사업을 이용한다. 이것이 파타고니아가 사업을 하는 이유다.

사람이 절대 숨길 수 없는 두 가지는 기침과 사랑이라고 했다. 나는 장기적으로는 숨길 수 없는 한 가지가 더 존재한다고 생각하는데, 그것은 진심이다. 내가 누군가를 좋아한다면, 아무리 아닌 척해도 결국에는 들통 나고 만다. 마찬가지로 내가 무언가를 싫어한다면 아무리 아닌 척해도 언젠가는 결국에는 드러나게 마련이다. 한두 번이야 속일지 몰라도 장기간 계속 속일 수는 없다.

기업활동도 마찬가지다. 진심이 아닌 그럴싸한 포장은 결코 오래 지속될 수 없다. 언젠가는 어떤 방식으로든 그것이 거짓임이 드러날 수밖에 없다. 누가 믿어주든 믿어주지 않든 본인의 진심을 분명히 지키고 그 진심을 향해 활을 쏘듯 끊임없이 활시위를 당기다 보면 자연스럽게 그 진심은 여러 가지 활동으로 발현된다. 그런 여러 가지 활동을 지켜보고 있노라면 진심은 굳이 의식하지 않아도 사람들이 느낄 수 있다.

브랜드 혹은 브랜드 아이덴티티는 누군가에게 컨설팅 받은 그럴싸한 수식이나 있어 보이는 디자인으로 완성될 수 없다. 오랜 시간 지속적으로 진심을 지켜왔을 때에만 비로소 자연스럽게 만들어질 수 있다. 40여 년의 세월을 우직하게 진심으로 지켜온 파타고니아가 그랬던 것처럼. 그렇기에 파타고니아가 그 재킷을 사지 말라고 해도 소비자에게는 그 말이 말장난이나 상술로 보이지 않는다. 당시 주력 사업이던 피톤을 포기할 때부터 끊임없이 보내온 파타고니아의 진심 때문이다.

장사도 별반 다르지 않다고 믿는다. 내가 진심으로 고객을 접객할 때, 내 진심이 목소리에서, 손짓에서, 눈빛에서 모두 드러나고, 결국 진심이 전달된다고 믿는다. 수시로 연락해 진심으로 내 안부를 물어봐주는 사람들을 떠올려보면 그 진심을 느낄 수 있다.

점점 시대가 빠르게 변하는 세상이다. 인스턴트식품은 맛있고 빠를지 모르지만 천천히 여유를 갖고 먹는 따뜻한 밥상은 다른 느낌을 준다. 밥 한 공기를 짓기 위해 뜸을 들이고 불을 지피고 기다리는 그 시간. 진심이 전달되기까지는 조금 시간이 걸릴 수도 있다. 하지만 진심은 결국 통하는 법이다. 따뜻한 밥상처럼 따뜻한 사회를 만들기 위한 기업들이 우리의 삶을 밝게 비쳐주고 있다.

친환경 재활용 가방을 개발한 **프라이탁**

독일어로 '금요일'을 의미하는 프라이탁(Freitag)은 이제 한국에도 익숙한 단어다. 토요일(Samstag)과 일요일(Sontag)도 아니고, 유독 금요일(Freitag)을 우리나라 사람들이 많이 아는 이유가 따로 있다. 재활용 메신저 백 브랜드 프라이탁 때문이다.

프라이탁은 1994년 마르크스 프라이탁과 다니엘 프라이탁 형제가 스위스 취리히에서 만든 가방 브랜드다. 최근에는 20대 사이에서 큰 인기를 차지하고 있는 온라인 편집숍 29CM이 프라이탁과 공식 파트너십을 맺으면서 프라이탁이 우리나라에서도 영향력을 갖추고 있다는 것을 직접 실감할 수 있다.

프라이탁 창업자인 마르크스와 다니엘은 어린 시절 농가에서 자라 농가의 작업장에서 주변의 물품들을 가지고 작업하며 대부분의 시간을 보냈고, 그 결과 그들은 무언가를 만들어내는 것에 재미를 붙여 디자인의 진로를 정했다.

대학을 다니며 마르크스와 다니엘은 평소 자전거를 통해 외출했고 항상 스케치북을 가방에 넣고 다녀 비가 오는 날이면 자신들의 가방이 젖는 것을 걱정했다. 어느 날 트럭의 방수천, 자동차의 안전벨트, 폐기된 자전거의 내부 튜브 등을 보며 '이거다!' 싶었고, 30피트의 방수천을 가지고 당시 뉴욕에서 유행했던 메신저백 형태의 가방을 디자인했다.

튼튼하면서도 독특한, 또 자원을 낭비하지 않는 가방을 고민했고, 그러한 고민으로부터 나온 가방들은 독특하고, 세상에 하나밖에 없는 재활용품들이었다. 프라이탁의 메신저 백은 이렇게 단순하지만 매우 독창적인 아이디어로부터 시작되었다. 그리고 이러한 프라이탁이 오늘날 큰 인기를 얻고 주목을 받는 이유는 '지속가능성'에 있다.

자신들의 주변 지인에게 팔던 가방은 점점 스위스 취리히 내 우체부들에게 팔려나갔고, 점점 유명해지기 시작했다. 이후 가방에 자신들의 성 '프라이탁'을 붙여 브랜드를 만들었다. 이것이 프라이탁의 시작이었다.

프라이탁 제작과정 자체가 지속가능성을 보여주고 있다. 우선, 프라이탁에서는 연간 30만 개 정도의 가방을 만든다. 이 가방들을 만들기 위해 연간 390만 톤의 트럭 방수천, 3만 6천 개의 자전거 폐튜브, 그리고 22만 개의 자동차 안전벨트를 사용한다고 한다. 버려지는 소재들을 재활용하는 첫 번째 과정에서부터 엄청난 재활용, 지속가능한 환경 유지에 기여하고 있는 것이다.

　다음으로, 프라이탁의 가방이 특별한 이유 중 하나는 제작이 모두 수작업으로 이루어진다는 것이다. 천을 고르는 것부터 시작해 자르고 조합해 만드는 작업까지 모든 과정이 만드는 사람의 수작업으로 이루어진다. 하나의 가방을 만들기까지는 보통 두 달여의 시간이 소요된다고 한다. 이는 싼 가격으로 대량생산해 수많은 재고를 남기는 SPA 브랜드와는 매우 다른 방식의 생산 과정이다. 재고를 남기는 또 다른 낭비를 막음으로써 프라이탁은 다시 한 번 더 지속가능성에 도달하는 것이다.

　마지막으로, 프라이탁 본사는 지속가능성을 실천하기 위해 그들의 가치와 철학을 잘 나타내고 있다. 프라이탁은 스위스 취리히 오리콘 지역의 북쪽 복합 산업지구에 본사를 두고 있다. 본사에 있는 판매 및 물류창고는 19개의 컨테이너를 세워 만든 빌딩이다. 지속가능성을 염두에 둔 재활용 건축이라고 할 수 있다.

　사업에 성공하면 보통 더 크고 좋은 건물을 건축하기 마련인데 프라이탁은 19개의 컨테이너를 쌓아 만든 26미터의 빌딩을 그대로 이용하고 있다. 허튼 돈을 쓰지 않는다는 느낌을 준다. 프라이탁 본사 건물 자체가 그들 브랜드의 아이덴티티, 즉 지속가능성을 보여줌으로써 소비자가 진정성을 느끼게 하고 있다.

　그 밖에도 프라이탁은 공장에서 이용되는 에너지 중 50퍼센트를 재생에너지를 이용하는 것뿐만 아니라 제작에 이용되는 물의 30퍼센트 이상을 빗물을 받아 사용한다고 한다. 기본적으로 그들의 기업 활동 모든 부분에 그들의 친환경적 사고, 지속가능성의 철학이 깃들어 있는 것이다.

그러나 프라이탁 역시 그들이 하는 실천을 별도로 사회공헌이라고 지칭하지 않는다. 오히려 그들은 그들이 '사회적 기업'이라 불리는 것을 달가워하지 않는 분위기인 듯하다. 그들의 가치에 맞는 제품을 만들었고, 그들의 가치를 알아보고 인정하는 사람들이 그들의 제품을 소비함으로써 함께 이를 공유했을 뿐이라고 생각하는 것이다. 프라이탁은 전체론적이고 장기적인 관점에서 지속가능성에 접근해야 한다고 말하며, 그러한 접근이 우리가 사는 사회와 환경에 필수적이라고 주장한다. 단순히 이윤을 추구하기 위한 기업활동 와중에 사회에 공헌할 방법을 모색한 것이 아니라, 환경과 지속가능성에 대한 접근 방식 자체가 삶에 꼭 필요한 것이라고 그들은 믿고 이를 실제로 실천해오고 있는 것이다.

트럭의 방수포, 자전거 바퀴 내부의 튜브, 자동차의 안전벨트 등을 재활용해 가치 있는 상품으로 만들어 사용자에게 전달하는 프라이탁은 멋진 제품을 선사하는 동시에 사용자 자신도 프라이탁이 추구하는 친환경 운동에 간접적으로 참여하게 한다. 이러한 참여는 긍정적인 반응을 유도한다.

프라이탁 가방을 메는 사람들은 자신들이 메는 가방이 쓰레기라고 생각하지 않는다. 자신은 친환경 운동에 관심 있는 사람이고, 남들과는 다른 개성 있는 자신을 프라이탁으로 드러낼 수 있다고 생각한다. 프라이탁은 친환경이라는 이슈를 제품으로 심어주는 데 큰 역할을 했다.

비가 많이 오는 스위스에서 늘 자전거만 타고 다니는 마르크스 프라이탁에게 필요했던, 물에 강하고 넘어졌을 때에도 안의 내용물을 보호할 수 있을 만큼 튼튼하면서도 편한 기능성을 갖춘 메신저백은 현재 지속가능성의 상징이 되었다. 그리고 프라이탁만이 할 수 있는 특별한 사회공헌 활동이 되었다.

Z세대들은 작은 물건 하나를 사도 어떤 기업이 어떤 공정으로 제조한 제품인지를 따진다. 기왕이면 '착한 소비'를 하려는 사람이 늘고 있다는 사실이다. 프라이탁은 Z세대에게 착한 소비를 할 기회를 제공하고 있으며 소비의 의미를 부여해주고 있다. 또한 프라이탁의 지속가능성의 원칙이 지역사회의 폐기물 재활용을 통한 환경보호에 큰 도움을 주고 있다.

프라이탁의 사례에서 보듯 앞으로 지역사회의 환경보호와 지속가능성에 사회적 가치를 둔 기업들이 늘어나길 기대한다.

세상을 바꾸는 아이스크림, 벤앤제리스

바야흐로 가치소비, 소신소비의 시대가 왔다. 구매 결정시 제품력만큼이나 기업의 가치활동과 윤리성에 주목하는 것이다. 최근 국내 1534세대를 대상으로 실시한 《대학내일》의 조사 결과에 따르면 '나의 가치관에 맞지 않다면, 제품 구입의 불편도 감수할 수 있다'는 답변이 절반 이상을 차지했다. 또한 '6개월 내 추구하는 가치를 위해 생활습관을 변화한 경험이 있다'는 응답자 역시 거의 절반인 48.7퍼센트에 달했다.

이러한 '올바른 기업' 선호는 젊은 소비자층에만 국한되지 않는다. 최근 우리나라를 뜨겁게 달군 '노재팬(NO JAPAN)' 운동이 보여주듯 전 연령층에서 소비는 단순 구매 이상의 '가치 투영' 행위가 되었다.

이런 시대의 흐름 속 어느 때보다 기업의 올바름이 중시되고 있는 요즘 사회적 가치 실현에 적극 앞서 소비자들의 지지를 받고 있는 기업 벤앤제리스를 소개하고자 한다.

벤앤제리스는 미국 내 판매 1위는 물론 사회적 가치와 공정무역을 중시하는 기업이자 평등과 환경보존 등 다양한 사회적 가치를 지키는 '착한' 경영으로 유명하다.

1978년 절친한 친구였던 벤 코헨과 제리 그린필드가 설립한 미국의 아이스크림 제조회사 벤앤제리스는 버몬주 남벌링턴에 본사를 두고 있으며 워터버리에 주공장을 두고 있다. 아이스크림을 비롯해 프로즌 요구르트, 셔벗 등을 생산한다.

당시 두 창업주는 5달러짜리 아이스크림 제조 관련 온라인 강의를 듣고 이를 바탕으로 1만 2,000만 달러(약 1,470만 원)로 버몬트주 벌링턴에 있는 오래된 주유소를 개조해 아이스크림 가게를 연 것이 벤앤제리스의 시작이다. 이 작은 가게가 어떻게 지구에서 가장 인기 있는 아이스크림으로 거듭났는지 알아보자.

사업을 시작했을 때 초짜인 두 창업주가 차별점도 없는 아이스크림을 정량이라는 기준도 없이 파는 탓에 가게를 오픈한 지 2개월 만에 문을 닫는 상황도 있었다.

당시 이들은 자신들의 문제점을 생각했고, 좋은 품질의 아이스크림을 만드는 데 집중하기로 했다. 그렇게 성장촉진호르몬(rBGH)을 사용하지 않고 키운 젖소 우유를 활용해 합성향료나 인공색소 등 인체에 유해한 물질은 넣지 않은 내추럴 아이스크림을 개발해냈다.

벤앤제리스 아이스크림만의 특징인 여러 초콜릿 시럽을 배합하는 방식도 이때 고안했다. 화이트 초콜릿과 브라운 초콜릿, 아몬드와 호두 등 견과류를 넣은 아이스크림을 만들었다. 특히 초콜릿을 덩어리째 넣는 등 재료를 후하게 쓴 덕에 미국 동부 사람들의 입맛을 사로잡았고, 퍼지는 입소문으로 창업 3년 만에 '세계 최고의 아이스크림'이라는 타이틀로 《타임》지 커버를 장식하기도 했다.

'착한 경영'을 실천하는 벤앤제리스의 사업 목표는 두 가지다. 첫째는 고객들에게 맛있는 아이스크림을 제공하자는 것이고, 두 번째는 사업으로 세상에 더 이로운 가치를 제공하는 것이다.

구체적으로는 사회정의와 환경에 도움이 되도록 사업을 한다는 미션을 밝힌다. 벤앤제리스는 아이스크림을 즐기면서도 사회정의, 환경, 윤리적 소비에 신경 쓰는 고객들에게 아이스크림 정보와 더불어 사회적, 윤리적 메시지를 담은 콘텐츠를 제공하고 있다.

벤앤제리스는 미션을 토대로 지역 환원을 위해 다양한 정책들을 펼치고 있다. 먼저, 사용되는 우유는 전부 버몬트 산이다. 미국에서 대표적인 낙농지대인 버몬트주에서 성장촉진호르몬을 주입하지 않고 자란 젖소에서 짜낸 우유를 사용하며, 합성향료와 인공색소는 쓰이지 않는다. 가격이 급락해도 정상가를 지불할 정도로 팬들에게 큰 애정을 보여주고 있다. 또 버몬트주 벌링턴시의 물가를 토대로 임금을 책정한다. 이는 모두를 위한 '적정이윤'을 찾기 위함이다.

이런 친환경 아이스크림 뒤에는 경영철학도 뒷받침된다. 1980년대부터 지속가능한 제품 생산 방식과 공급자, 농부, 가맹점부터 고객에 이르기까지 브랜드와 관련된 모든 사람들을 위한 공동의 가치를 추구하고 있다.

제품을 생산하는 데 있어 환경에 미치는 영향을 최소화하기 위해 2002년 버몬트 제조시설 내 탄소 절감 프로그램 도입과 2006년 본격화한 공정거래 방침이 대표적으로 알려져 있다. 2012년에는 제품에 쓰이는 원료에 GMO를 배제하는 방침을 정하기도 했다.

버몬트에서는 농장 보호 프로그램으로 지역사회 내 소규모 가족 농장을 지원하고 있다. 소비자 참여형 프로그램으로는 지구 온난화 방지와 에너지효율 증대, 탄소배출량 감소 등 환경문제를 주제로 한 '벤앤제리스 팜'이 진행된다.

이 프로그램은 다 먹은 파인트를 화분으로 재활용, 모종을 심은 뒤 집으로 가져감으로써 환경을 보호하자는 취지로 기획되었다. 제조시설 내 탄소 절감 프로그램을 도입하고, 온실가스 배출 감소에 앞장서고 있으며 다양한 환경 보호 캠페인도 이어가고 있다.

다양한 사회공헌 활동 중 눈의 띄는 항목은 공적무역이다. 벤앤제리스는 '모두가 공정하게 제 몫을 받을 자격이 있다.'를 외치며 공정성을 강조한다.

국제 공정무역기구와 제휴하고, 커피, 바닐라, 코코아, 설탕, 바나나 등 다섯 가지 주요 재료를 공정무역 제품으로만 수급한다. 제품에 들어가는 모든 성분은 2014년부터 전부 공정무역 인증을 받는다.

공정무역 운동의 뿌리는 경제정의이며, 개발도상국의 소규모 농부들이 피 말리는 경쟁이 이루어지는 세계 시장에서 살아남을 수 있도록 애쓰며 세계 경제 속에서 경쟁하고 번영할 수 있게 함으로써 평화 구축에 힘쓰고 있다.

또 '벤앤제리스 기금'으로 사회문제 해결에도 앞장선다. 1985년에 설립된 이 재단에 힘입어 매년 이익의 7.5퍼센트는 인종차별, 성차별, 빈곤 등을 해결하는 데 쓰이며, 1988년부터는 수익의 1퍼센트를 평화를 위해 사용하는 '평화를 위한 1퍼센트' 캠페인을 전개 중이다.

2000년에는 영국계 다국적 기업 유니레버에 인수되면서 벤앤제리스의 기업가치가 드러나기도 했다. 당시 유니레버가 인수한 금액은 23억 달러, 한화로 약 2조 8,180억 원에 이른다. 다만 인수만 했을 뿐 벤앤제리스의 철학과 경영방식은 존중하겠다는 의사를 밝히면서 지금까지도 벤앤제리스는 '착한 기업'으로 남아 있다.

창업 3년 만에 세계 최고 아이스크림이라는 찬사를 받고《타임》지 커버스토리에도 실리며 세계 연 매출 12억 달러를 달성한, 빙과시장의 강자 벤앤제리스. 착한 경영으로 팬들의 브랜드 로열티를 높이고 일관된 경영철학을 보이며 의리를 지킨 이들의 성공은 당연한 일이 아니었을까. 아이스크림 그 이상을 자처하며 다양한 사회적 가치 실현에 앞장서고 있는 벤앤제리스의 앞으로의 활동 역시 주목해볼 만하다.

환경을 생각하는 글로벌 물류배송업체 DHL

국제통화기금(IMF)은 2100년 지구의 온도가 지금보다 3도 정도 높아질 것이라고 경고한 바 있다. 미국 국립과학원회보의 보고서에 따르면 지구의 온도가 2도 상승할 경우 생물의 20~30퍼센트가 멸종 위기에 직면한다. 이에 지난 2015년 유엔기후변화협약(UNFCCC)은 지구 온도 상승을 산업화 이전인 1.5도로 제한하는 데 합의하고, 온실가스 배출 감축을 위한 각국의 실질적인 대응을 요구하고 있다.

이러려면 기업의 협력이 중요하다. 온실가스의 약 80퍼센트를 차지하는 이산화탄소가 대부분 산업 및 경제 활동에 의해 나오기 때문이다. 실제로 글로벌기업들은 사회적 책임을 다하고, 기후변화로 인한 손실을 최소화하기 위해 이산화탄소 배출량 줄이기에 적극적으로 동참하고 있다.

환경문제와 탄소배출을 줄이기 위한 노력의 목소리가 커지는 가운데 세계적인 물류기업 DHL은 환경문제에 관심을 갖고 탄소배출을 줄이기 위해 노력하는 대표적인 기업이다. 특히 DHL은 혁신을 통한 환경보호에 앞장서고 있다.

DHL의 역사는 1969년에 시작되었다. 샌프란시스코에서 호놀룰루로 서류를 운송하는 세계 최초의 국제항공 특송배당 서비스 기업으로 출발한 DHL은 이후 열정적인 투자로 사업 영역을 넓혀나갔다.

DHL의 첫 고객은 선박기업이었는데, 1960년 후반 해운업계는 복잡한 서류 작업이 필요한 거대한 컨테이너선을 운영하고 있었다. 이때 DHL은 배가 목적지 항구에 도착하기 전에 통관 서류를 전달하기 위한 사전작업을 진행했으며, 운송회사들은 DHL의 빠른 서류 처리로 비용 절감을 할 수 있었다. DHL은 고객 중심 사고로 진짜 고객이 원하는 것이 무엇인가에 집중했다.

초창기 DHL은 야간 서비스를 도입해 고객들에게 빠르고 신뢰할 수 있는 우편 운송 시스템을 마련했으며, 1970년에는 차를 이용한 배송 업무를 시작했다. DHL은 적극적인 투자와 서비스로 소수의 고객에게 물류서비스를 하는 작은 회사에서 연간 550만 개 이상의 화물을 운송하는 글로벌기업으로 성장할 수 있었다.

이 시기 DHL은 2개월마다 새로운 나라로 서비스를 확장했고, 8일마다 새로운 도시에서 배송을 시작했다. DHL은 혁신적인 아이디어와 도전과 열정을 무기로 급성장할 수 있었으며, 물류로 문화와 산업, 그리고 고객과 세계를 연결했다.

DHL은 늘 혁신에 집중했다. DHL은 단순히 외형만을 키운 것이 아니라 '세계적으로 사고하고 지방적으로 행동한다(Thinking global but acting local)'를 캐치프레이즈로 내세우고, 각 지역에 맞는 서비스를 개발하는 등 현지화를 위한 노력도 함께 진행했다.

이때 처음으로 익일 배송 서비스를 시작하는 등 한 차원 빠른 배송 서비스를 시행했으며, 효과적인 배송을 취해 각 지역에 물류센터를 설립 및 확장했다. 그리고 해외로 물건을 보내는 것뿐만 아니라 물건을 들여올 수 있는 수입화물 특급 서비스를 도입했다. 이 서비스는 DHL의 3대 서비스 중 하나로 지금도 경쟁사와 차별화하는 독특한 특징으로 남아 있다.

아날로그에서 디지털로 전환이 이루어진 2000년대, DHL의 서비스 또한 디지털로 진화되어 왔으며 새로운 시대에 맞게 소셜미디어와 웹사이트를 구축하고 온라인으로 고객과 소통하는 한편 고객의 업무 편리성을 한층 높여나갔다.

트렌드를 선도하는 기업답게 DHL은 세계 최초로 글로벌 SMS 추적 서비스를 시작했다. 이를 바탕으로 고객은 휴대전화를 사용할 수 있는 곳이라면 어디에서나 문자 메시지로 DHL 발송물을 추적할 수 있었다.

DHL은 물류서비스를 제공하며 사회문제에 관심을 갖고 있는데, 친환경, 지속가능한 성장에 초점을 맞추고 있다. 기후문제는 이제 안보와 생존, 경제적 위협까지 확대되고 있으며 DHL은 수십 년간 이러한 문제점에 주목하고 지속가능한 물류를 위해 노력해왔다. 현재 친환경 배송을 기업의 핵심 전략으로 공표하고 있을 만큼 환경문제에 관심이 많다.

DHL은 친환경 배송을 실현하기 위해 전기 배송차량을 비롯한 혁신적인 아이디어를 도입하고 있으며, 2008년부터는 친환경 기후 보호 프로그램인 '고그린(Go Green)'을 발족하고, 이로써 체계적인 녹색경영활동을 실천하고 있다.

2020년 탄소효율성 30퍼센트 감축 목표를 2014년 조기 달성하고, 2017년까지 36퍼센트의 개선 성과를 거두었다. 중장기 계획으로 2050년까지 1.5도 기후변화와 '탄소 배출 제로'를 목표로, 2025년까지 2009년 대비 탄소 배출을 50퍼센트로 감축하겠다는 중간 목표를 수립하고 목표를 달성하기 위해 자사 운송수단의 70퍼센트를 전기자동차와 같은 친환경 운송수단으로 운영하기 위해 친환경 인프라 구축에 매년 아낌없이 투자하고 있다.

DHL은 앞으로 과거에 없었던 드론, 무인트럭, 자율주행 자동차 등 첨단기술이 적용된 운송수단의 상용화를 앞두고 있으며 이로써 교통체증, 접근성, 시간 등에 구애받지 않고 언제, 어느 때나 고객에게 신속한 배송을 진행할 수 있다. 또한 현재 5,000대의 스트리트스쿠터와 전기배송차에 카메라, 레이더 등 다양한 센서를 장착해 인공지능 자율주행 시스템에 활용하고 있다.

이로써 배송차량은 주변 환경 파악과 안전한 경로 계획, 경로에 따른 주행 및 주차에 필요한 정보를 확보하고, 보다 빠르고 효율적인 배송을 진행할 수 있었다. 이러한 전기자동차와 자율 주행 차량의 도입은 에너지효율을 높이고, 비용을 절감하며, 탄소를 줄이는 효과가 있어 환경을 고려한 물류서비스에 적합하다는 평가를 받고 있다.

DHL은 지난 50년간 세계에서 가장 중요한 물류 파트너로 활동해 왔으며 고객중심에서 수많은 물류 혁신의 출발점에 있었다. 세계적인 국제 특송기업 DHL코리아가 2018년 글로벌 스탠더드 경영대상에서 친환경 기후보호 프로그램인 고그린과 지속혁신경영으로 성과를 인정받아 그린경영대상 부문 6년 연속 대상으로 '명예의 전당'에 헌액되었다.

고객이 무엇을 원하는지, 고객 입장에서의 편의성을 고려하면 어떤 서비스를 제공해야 하는지를 생각하는 DHL이 환경문제까지 고민하며 새로운 혁신 사례를 만들어내고 있다. 기업이 고객가치를 창출하며 사회문제에 관심을 가지고 행동했을 때 어떤 결과가 일어나는지에 대한 좋은 사례라 생각한다.

DHL을 통해 기업의 공적 가치를 실현하는 것이 얼마나 사회에 유익한지를 알아볼 수 있다. DHL의 앞으로의 행보가 기대되는 점이다.

플라스틱 줄이기로 성공한 플라스틱 플래닛

코로나19 사태를 계기로 생활 전반적으로 많은 부분이 변화되고 있다. 특히 사회적 거리두기로 집에 있는 시간이 늘어나면서 배달음식 및 일회용품 사용이 급격하게 늘어나고 있는 추세다. 그 이전부터 일회용품 사용에 따른 문제는 사회적 이유로 등장했다.

환경부 또한 재활용 폐기물 대란을 막기 위해 동분서주하고 있다. 코로나19 확산으로 배달서비스 이용이 크게 늘면서 플라스틱과 같은 재활용 폐기물이 급증했지만 경기침체로 폐기물을 활용한 재생원료의 수요가 줄면서 재활용업체의 보관능력이 한계에 이르렀기 때문이다.

마트나 시장에 장을 보러 가면 물건을 살 때마다 비닐을 한두 장씩 건네받는다. 장바구니를 들고 갔다고 해서 쏟아지는 비닐 세례를 피하기도 쉽지 않다. 젖은 식품인 경우 두세 겹으로 이미 포장되어 있고, 판매자들에게는 바쁜 계산대에서 습관적으로 꺼내 든 비닐을 다시 집어넣는 것이 더 성가시고 시간을 잡아먹는 일이 되기 때문이다. 미안한 마음에 주섬주섬 받아 돌아오면 금방 버릴 비닐 쓰레기만 한 무더기 쌓이고 만다.

플라스틱 폐기물, 특히 비닐 쓰레기 문제는 단지 분리수거와 매립으로 끝나지 않는다. 비닐 쓰레기를 삼키다 목숨을 잃는 고래나 바다거북 같은 해양동물의 참혹한 현실에서 문제의 심각성이 거듭 드러나고 있다.

2016년 세계경제포럼은 엘렌 맥 아더 재단과 함께 〈신 플라스틱 경제: 플라스틱의 미래를 다시 생각하다〉라는 보고서를 발표했다. 플라스틱 용기 재활용이 전 세계적으로 14퍼센트 수준에 머물고 있으며, 이대로 가면 2050년에는 물고기보다 많은 플라스틱이 바다를 가득 채울 것이라고 우려한다. 그런 재앙을 피하려면 지금 재활용, 재사용, 디자인 혁신을 위한 행동에 나서야 한다고 주장한다.

그러나 재활용률을 높이는 것은 장기적으로는 답이 되지 못한다. 재활용을 거쳤든 아니든 버려진 플라스틱들은 분해되지 않고 잘게 쪼개져 미세플라스틱 형태로 동물과 인간의 몸에 스며들고 있다. 생물체에 구체적으로 어떤 영향을 끼칠지는 아직 확실하지 않지만 우려가 제기되고 있는 상황인만큼 플라스틱 제조와 사용을 최대한 줄여야 한다는 주장이 계속 제기된다.

최근 네덜란드 암스테르담에서 등장한 세계 최초의 플라스틱 없는 슈퍼마켓 '플라스틱 프리 매대'는 이 문제를 정면으로 돌파한다.

플라스틱 프리 매대는 플라스틱 쓰레기 문제에 대항하는 영국의 캠페인 집단 플라스틱 플래닛이 유기농식품 유통업체 에코플라자와 함께 만든 팝업스토어다.

플라스틱 플래닛은 2015년 한 해 동안 영국에서 생산한 플라스틱의 40퍼센트가 포장재이며 그중 절반 가까이가 식품과 음료 포장에 사용되었다는 점에 주목했다. 플라스틱의 활용 범위는 상당히 넓고 의료나 교통 등 사회에 반드시 필요한 부분도 있으니 무조건 다 없앨 수는 없다는 점을 인정하지만, 일시적으로 쓰고 버리는 식음료 포장재만이라도 바꾼다면 플라스틱 쓰레기 문제를 획기적으로 줄일 수 있다고 판단했다.

2017년에 캠페인을 시작한 플라스틱 플래닛은 여러 유통업체들에 캠페인 참여를 요청했는데, 네덜란드의 에코플라자가 여기에 응했다. 암스테르담에서 80여 개의 매장을 운영하고 있는 에코플라자는 플라스틱 플래닛과 협업해 기존 매장의 일부를 플라스틱 프리 매대로 변경해 오픈했다.

이 매대에서는 보통 플라스틱으로 찍어내는 진열대를 나무와 금속 재질로 만들고, 용기는 유리를 쓰되 뚜껑 부분에 흔히 두르는 플라스틱 띠를 두르지 않는다. 부득이 비닐이 필요한 경우는 석 달 정도 지나면 자연 분해되는 포장재를 사용한다. 약 700여 종의 제품이 이 방식으로 포장, 진열된다.

포장 쓰레기를 없애기 위해 고객이 빈 용기를 가져가면 식재료를 소량으로 담아갈 수 있는 매장은 이미 여러 차례 등장했다. 이 방식은 미리 식재료를 담을 용기를 챙겨 다녀야 하는만큼 아무래도 번거롭고 접근성이 떨어지는 한계가 있다. 플라스틱 프리 매대는 그와 달리 모든 제품에 포장재를 쓰되 플라스틱만 사용하지 않는 방법을 선택했다.

캠페인을 추진하는 플라스틱 플래닛은 2017년 창립했으며, 기존 환경단체들과는 달리 상당히 간명하고 도전적인 활동 방식을 채택하고 있다. 플라스틱 플래닛은 환경이나 생태 같은 단어는 거의 쓰지 않는다.

게다가 스스로를 '친산업적'인 집단이라고 칭한다. 특정 기업이나 산업 영역을 단죄하는 것이 아니라 목표를 향해 협업할 의향이 있다면 어떤 이해관계자와도 손잡을 수 있다는 뜻이다. 제조업계, 유통업계, 포장재 공급자, 학교, 언론, 비정부기구, 정부, 국제연합까지 아우른다. 까다로운 선이나 복잡한 전략보다는 한 가지 목표를 최대한 빨리, 25년도 5년도 아닌 지금 당장 실현하기 위해 과감하고 적극적인 행동을 추구하는 것이다.

에코플라자와 진행한 이번 작업은 수많은 언론, 특히 영국뿐 아니라 전 세계 각국 언론에 소개되면서 큰 주목을 끌고 있다. 플라스틱 플래닛과 함께하는 이해관계자가 그들의 바람처럼 급속히 늘어나기를 기대해본다.

08

—

지역개발로
바뀌는 것들

커피농가와 창출한 공유가치, 네스프레소

지역사회에 회복과 성장 그리고 변화를 위해 노력하는 민간기업들이 있다. 지역사회가 살기 위해선 정부, 기업 그리고 국민들의 노력이 함께 필요하다. 많은 기업들 중 고통스러운 내전 속 신음하던 농부들에게 감동을 선사한 기업이 있었다. 지금 황무지에서 희망을 선사한 사례를 살펴보고자 한다. 네스프레소의 짐바브웨 커피농가 살리기 프로젝트가 그것이다.

짐바브웨는 50여 년 전만 해도 지금의 짐바브웨가 아니었다. 짐바브웨는 빅토리아 폭포, 그레이트 짐바브웨 등 세계자연유산이 많아 '아프리카의 스위스'로 불렸고, 식량 수출이 많아 '아프리카의 식량 바구니(Bread basket)'로 불렸다.

짐바브웨는 한때 아프리카의 최강국이었지만 지금은 아프리카 최빈국 가운데 하나다. 총리제를 폐지하고 대통령이 되어 2017년까지 30년 넘게 짐바브웨를 통치했던 로버트 무가베의 철권통치의 결과였다. 외국 자본을 막고 기업을 몰수하는 통제노선으로 관광도 농업도 망가졌다.

마구잡이로 돈을 찍어내면서 2008년 79억 퍼센트의 초인플레이션을 초래해 결국 짐바브웨의 경제가 완전히 붕괴되었다. 그 결과 주민들은 빵 한 덩이를 사려고 수레에 돈을 잔뜩 싣고 가야만 했다.

무가베는 2017년 쿠데타로 축출되었지만 수십 년 동안 인구의 대부분이던 농부들의 76퍼센트는 빈곤층, 23퍼센트는 극빈층으로 전락했다. 농부들은 커피나무를 베어 땔감으로 쓸 수밖에 없었고, 커피농장은 황폐해졌다. 달콤하고 진한 초콜릿 향으로 유럽인들이 사랑했던 짐바브웨 커피가 사라진 것도 이때다.

짐바브웨는 1980년대만 해도 연 1만 5,000톤 규모의 원두를 생산했지만 커피농장이 몰수되고 시설이 파괴되면서 지금은 겨우 400~500톤 정도만 생산하고 있다.

영국 커피전문 매체 《퍼펙트 데일리 그라인드》는 짐바브웨는 한때 '완벽한 커피국가'였지만 역사가 개입하면서 완전히 다른 나라가 되었다고 전했다. 이때 등장한 기업이 우리가 커피 CF로 한 번씩은 들어보았을 법한 네스프레소다. 네스프레소는 사회문제를 해결하는 데 시선을 집중하고 해결해 나가려는 노력이 돋보이는 기업이다.

네스프레소는 짐바브웨의 상황을 보고 커피 농부도 살리고 동시에 대대로 재배해오던 커피도 살리는 프로그램을 시작했다. 농부들의 안정된 삶이 보장되어야 좋은 품질의 커피 생산도 지속가능하다는 취지의 리바이빙 오리진 프로그램이다.

이는 공동체가 당면한 문제를 해결하기 위해 이를 비즈니스 모델에 내재화환 것이다. 단순히 사회공헌활동이 아니라 기업활동을 하는 것 자체로 농부들이 직면한 문제를 해결하고 농부들과 함께 나눌 공유가치를 구조적으로 창출하는 개념이다.

2003년부터 네스프레소는 AAA, 지속가능 품질 프로그램을 만들어 300명이 넘는 농학자를 파견해 재배기술을 가르치고, 가공시설을 지어주며, 생산된 원두는 더 비싼 가격에 사주고, 농부의 노후를 위해 퇴직연금까지 지급하는 프로그램을 실시하고 있다.

AAA 프로그램을 내전과 자연재해로 경제적 궁핍이 심각한 지역에 보다 신속하고 압축적으로 지원하는 프로그램이 리바이빙 오리진 프로그램이다. 이 프로그램으로 네스프레소는 두 나라 농민들의 삶부터 재건해 제 궤도에 올려놓기로 한다. 커피나무를 베어내 땔감으로 쓰지 않아도 삶을 영위할 수 있도록 말이다.

이를 실현하기 위해 네스프레소는 짐바브웨 커피농가에 대한 기초조사부터 시작했다. 농민들의 73퍼센트는 가난에 허덕이면서도 커피농사는 꺼렸다. 묘목을 심고 수확하기까지 5년 이상 걸리기 때문에 당장 생활이 막막한 이들은 선뜻 농사를 시작하기 어려웠다.

커피의 생산량이 줄어드는 상황을 타개하기 위해 네스프레소는 이들이 커피농사에 대한 희망을 갖게 하는 것이 급선무라고 판단했다. 네스프레소는 커피농가를 살리기 위해 품질기준에 부합하는 원두의 95퍼센트를 구매했고, 판매처에 대한 안정성과 지속성이 보장되자 농부들은 새로 묘목을 심기 시작했다.

네스프레소는 농학자들을 파견해 가지치기, 솎아내기, 세척과 탈곡 등의 기술을 전수했고 커피 가공시설도 세웠다. 그 결과 농부들은 더 많은 커피를 네스프레소에 판매하면서 돌고 도는 선순환이 시작되었다.

이렇게 불모의 땅을 꿋꿋하게 지켜온 짐바브웨 농부들의 땀과 열정을 담아 네스프레소는 최근 새로운 커피를 출시했다. 지속가능한 커피에 대한 인식이 높은 18개국에서만 출시했으며, 아시아에서는 우리나라가 유일하다.

워낙 피폐한 땅이어서 부족한 수확량으로 인해 아직 이들 커피의 생산량은 많지 않다. 하지만 네스프로소의 목표는 조만간 상시 제품으로 출시하는 것이다. 이를 위한 가장 빠른 길은 공동체부터 재건해 희망을 재건하고 이로써 그 땅의 커피를 재건하는 것이라 판단했다. 향후 5년간 114억 원을 농부들의 삶 개선에 집중 투자하려는 이유다.

사회적인 가치와 공적인 유익을 지향하는 네스프레소의 활동은 고난과 역경을 겪은 짐바브웨의 농민들에게 희망이라는 꽃을 피웠다. 네스프레소라는 기업의 사례에서 지역이 개발과 함께 커피가 그들의 삶에 가져오기 시작한 희망을 다시 한 번 기억해본다.

빈민지역에 일으킨 교육 혁신, TFA

TFA(Teach For America)는 미국 전역의 우수한 대학생들을 선발해 2년간 도심 빈민지역의 공립학교의 교사로 봉사할 수 있도록 지원하는 비영리단체다. 미국에서 교사가 되는 방법은 두 가지가 있다. 첫 번째는 교육대학(원)을 졸업하거나 대학에서 교육학을 전공하는 방법, 두 번째는 교직을 제2의 직업으로 선택한 사람들의 교사 훈련, 양성 프로그램을 이수하는 방법이다.

1990년 설립해 미국에서 다니고 싶은 회사 10위에 들며, 아이비 리그 출신이 15퍼센트를 차지하고 있는 TFA는 교사양성을 위한 사회적 기업이다. TFA는 교사가 희망인 대학생과 졸업생들은 1년 동안 교사로 일하도록 교사로서의 소양과 수업기술을 가르치고, 이 기간 동안 자질을 평가하고 지원을 아끼지 않는다.

이 기업은 어떻게 탄생했을까? TFA의 설립자 웬디 콥의 이야기에서 그 답을 찾을 수 있다.

"왜 빈민지역의 아이들은 충분히 질 높은 교육을 받지 못하는가?"라는 물음에서 시작된 TFA는 웬디 콥이 설립했다. 텍사스의 매우 부유한 가정에서 어려움 없이 교육을 받으며 자란 그녀는 1989년 고교 수석졸업생으로 프리스턴대학교에 들어간다.

그녀는 행정학을 공부하며 미국 공립교육의 실패와 교육의 불평등을 목격한다. 빈민지역 공립학교 학생과 중상류층 사립학교 학생의 평균실력 차이는 하늘과 땅이었다. 저소득층 가정에서 태어난 룸메이트가 매우 똑똑하지만 프리스턴 교육과정을 따라가는 데 어려움을 겪는 모습을 보면서 교육의 불평등 문제가 더욱 크게 다가왔다.

웬디 콥은 출신 계층이 학생들의 교육 수준에 매우 큰 영향을 미친다는 사실이 불합리하다고 생각하고, 누구나 동등한 교육의 기회를 가질 수 있는 사회를 구상했다.

'교사들로 평화봉사단을 만들자! 올해 졸업생들에게 교사훈련을 시켜 빈민 지역 공립학교에서 가르치도록 하자!'

그녀는 자신의 아이디어를 '미국을 위해 가르친다(Teach for America)'로 명명하고 이 제안을 졸업논문으로 제출했다. 지도교수는 비현실적이라고 고개를 흔들었다. 웬디는 굽히지 않았다. 우선 필요한 것은 기금이었다. 30여 개 대기업에 편지를 보내고 전국을 순회하며 지원을 요청했다. 당시 웬디가 확보한 기금은 250만 달러(한화 29억 원대)였다.

그 후 학생들을 모집, 학교 관계자를 만나 자신의 프로그램을 설득하기 시작한다. 1990년 가을 첫 선발 때 50명도 안 될 것이라는 우려와는 반대로 2,500명이 지원했고 그중 500명을 선발했다. 아무나 뽑은 것이 아니었다. '언젠가는 어린이들 모두가 훌륭한 교육을 받을 평등한 기회를 가질 것이다'라는 소명을 공감하는 최고의 인재를 대상으로 삼았다.

그 후 기부금으로 직접 대학생들이 저소득지역의 학교에서 활동하게 하며 2년간 달라진 학생들의 모습과 이로 인한 효과를 측정했다. 이런 노력으로 예일, 프리스턴 등의 미국 명문대 학생들이 그녀의 발상에 동참했고, TFA의 선생님 자리는 지속적으로 높은 경쟁률을 기록했다.

열정 있는 미국 대학생들의 작은 헌신은 크고 작은 변화를 만들었고, TFA는 미국 공교육의 문제점들을 효과적으로 개선해 나가는 대표적인 단체가 되었다.

현재 미국 대학 졸업생들 사이에서 가장 인기 있는 진로 중 하나가 된 TFA의 성공 요인은 '교육기부를 통한 교육 불평등 해소'라는 사명에 동의한 구성원들이 열정을 갖고 지원하고 헌신했기 때문인 것으로 풀이된다. 또한 미국 사회에서 이런 사명감을 가진 인재들을 대우하는 풍토가 조성된 것도 큰 요인 중 하나다. 미국 내 우수 대기업들은 직원 채용 시 TFA 출신을 우대하면서 사회적 분위기가 변화되었다.

TFA 국내 관계자는 "열정 있는 미국 대학생들의 작은 헌신은 크고 작은 변화를 만들었고, TFA는 미국 공교육의 문제점들을 효과적으로 개선해 나가는 대표적인 단체로 자리 잡았다."고 평가했다. 지난 2017년 기준 TFA를 거쳐 간 교사는 1만 2천여 명, 이들이 가르친 학생 수는 무려 250만 명이 넘는다.

　　보다 의미 있게 인생을 출발하려는 젊은 지성들의 열정과 헌신에 힘입어 교육이 낙후된 지역이 개발되고 그 안에서 크고 작은 변화가 이루어지고 있다. 많은 회의 속에서도 당당히 자신의 비전과 소명을 이루어가고 있는 TFA의 영향력은 민들레 씨앗처럼 더 넓게 펴져나 갈 것이라 믿는다.

트레이더 조에 있는 것과 없는 것

급변하는 환경 속 수많은 기업들이 시대에 흐름에 맞춰 혁신과 새로운 전략으로 위대한 기업에서 사랑받는 기업으로 가기 위해 노력하고 있다. 오프라인보다 온라인이 익숙해진 이 시대에 오히려 시대의 반대 흐름으로 걸어가는 기업이 있다. 오프라인 시장에 차별화 전략으로 고객들에게 팬심을 불러일으키는 기업, 미국 슈퍼마켓 체인 트레이더 조다.

캘리포니아주 몬로비아에 본사를 둔 트레이더 조는 1967년 조 쿨롬비가 파사데나에 숍을 오픈하며 역사가 시작되었다. 미국 내 480개 이상의 체인을 운영하고 있다.

아마존이 인수한 홀푸드마켓과의 경쟁 속에서도 트레이더 조는 미국 유기농식품 시장을 이끄는 선두주자다. 트레이더 조가 규모면에서는 홀푸드마켓에 밀리지만 성장률 만큼은 유기농식품 유통업계 1위를 차지하고 있다.

그 비결은 충성고객들의 사랑이다. 트레이더 조를 이용하는 고객들은 다른 마켓에서는 보기 힘든 팬심이 있다. 고객들은 트레이더조스팬닷컴이라는 팬사이트를 만들어 제품을 리뷰하고 이곳에서 판매되는 식품으로 다양한 요리를 만들 수 있는 레시피를 공유하기도 한다. 트레이더 조가 있는 지역은 멀리서 찾아오는 사람들로 늘 붐비고 덩달아 지역경제가 활기를 띤다.

슈퍼마켓이 어떻게 이런 팬들을 형성하고 사랑받을 수 있었을까? 우선 트레이더 조만의 차별성을 보자. 트레이더 조는 다른 마켓에서는 팔지 않는 독특한 상품들이 즐비하다. 과자류에서 잼, 올리브 오일까지 트레이더 조만의 유니크한 상품이 80퍼센트를 차지한다.

트레이더 조가 디자인한 독특한 상품들로 대형 슈퍼마켓의 수많은 브랜드와 차별화되고 있다. 쿠키 맛 버터, 칠리-라임 치킨버거, 콘 앤 칠리 살사 등 여느 슈퍼마켓에서 찾을 수 없는 콤비네이션 맛의 제품들도 판매한다. 이국적인 향료나 소스도 트레이더 조에서만 살 수 있는 물건이라는 희귀성을 제공한다.

고객들은 어디에서도 쉽게 구할 수 없는 특이한 제품을 합리적인 가격에 구매할 수 있기 때문에 트레이더 조를 찾는다. 트레이더 조의 충성고객들은 마켓이용을 일종의 여행으로 생각한다.

재미있는 것은 물건수도 평균 5만 개 이상을 취급하는 다른 마트와 달리 3천 개 이하로 취급한다는 것이다. 슈퍼마켓에서 물건 수는 곧 이익과 연결된다.

트레이더 조가 이익만을 추구했다면 실행하기 힘든 결정이었을 것이다. 대신 제품의 80퍼센트 이상을 농장과의 직거래로 가격을 낮추고 외부 광고를 일절 하지 않는 정책을 펼친다. 세일과 쿠폰도 없다. 이렇게 마케팅 비용, 유통비용을 최소화하면서 합리적인 가격을 유지하고 있다. 트레이더 조는 온라인 쇼핑몰도 운영하지 않아 물건을 사고 싶으면 매장을 찾아와야만 한다. 아마존이 트레이더 조의 인기 제품을 온라인 쇼핑몰에 되팔 정도다.

트레이더 조는 직원 중심 경영을 실천한다. 친절한 서비스, 화기애애한 분위기, 청결 등을 중요시 여기며 고객에게 온전히 전달될 수 있도록 직원들과 충분한 대화를 나눈다. 직원들은 고객에게 제품이 얼마나 저렴한지를 이야기하지 않고, 이 제품이 어디서 왔고 어떻게 요리하면 맛있는지 설명한다. 가격이 아닌 진심을 전달하는 것이다. 직원들은 동네 친구처럼 고객을 대하고 자기가 좋아하는 제품이 있으면 자신 있게 추천한다.

직원들이 스스로 고객에게 친절할 수 있는 이유는 직원들을 제대로 대접하는 창업자 조 콜롬비의 노력 때문이다. 조 콜롬비는 창업 초기부터 "우리 정직원은 중산층 수준의 급여를 받아야 한다."는 원칙을 내걸고 유통업계 평균보다 훨씬 높은 임금을 제공했다. 비정규직에게도 의료보험을 제공하기도 하며, 월마트와 비교해 두 배의 임금 차이가 나고 있다.

트레이더 조는 직원이 행복해야 고객을 행복하게 할 수 있다는 원칙으로 직원들을 대우하고 있다. 또한 수많은 제품보다는 우리만의 건강하고 차별화된 제품들로 고객에게 진심을 제공하고 있다. 이 원칙들이 고객들의 사랑을 이끌고 있다.

혁신으로 거주문제를 해결한 **로위 가이언스**

전 세계 도시지역 집값이 너나 할 것 없이 뛰어오르는 지금이다. 그러나 조사 결과 집값이 올라가는 상황에서 빈집이 증가하고 있다. 통계청에 따르면 우리나라 전국의 빈집은 2017년 기준 126만 호로, 서울만 해도 약 9만 3천 건에 달한다. 지방에 빈집이 늘어나는 현상이 사회문제로 대두되기 시작한 지는 이미 오래 되었다. 중요한 것은 앞으로 이것이 심화될 뿐 해소되기는 어렵다는 데 있다.

지방뿐만 아니라 서울 역시 빈집 수가 2000년 5만 7,000가구에서 2017년 9만 3,000가구로 63퍼센트 증가했다. 정비사업 물량을 제외하면 전력과 수도를 사용하지 않는 집은 2만 가구 정도로 추정된다.

현재 전국 주택의 6.5퍼센트 가량이 빈집이며, 2050년이 되면 10퍼센트인 300만 가구가 빈집이 될 것이라고 한다. 이것은 30년 뒤 우리나라 10가구 중 1가구는 빈집이라는 말이고, 주머니 형편에 맞추면 시설이 형편없고 쾌적한 집을 찾자니 나머지 생활이 걱정된다는 뜻이다.

우리나라뿐만 아니라 전 세계적으로 빈집 문제와 거주 문제는 화두가 되고 있다. 이러한 상황 속에서 영국에서는 한 스타트업이 급증하는 빈집과 홈리스 청년들을 연결해 청년주거 문제 해결에 나서 주목을 받고 있다.

최근 영국에서는 청년의 주거 문제를 해결하기 위한 팀 로위의 '로위 가이언스(Lowe Guardians)'라는 스타트업이 진행하고 있는 'SHED 프로젝트'가 많은 주목을 받고 있다. SHED 프로젝트의 핵심은 청년들을 빈집의 관리자로 지정해, 이들이 합법적으로 거주하도록 하는 데 있다. 사무실을 공유한 위워크처럼 빈집을 청년들의 숙식공간으로 공유하고 있는 것이다.

팀 로위는 영국의 살인적인 임대료로 인해 많은 청년들이 주거의 문제로 고통 받고 있는 현실을 주목했다. 실제로 영국 런던의 원룸 임대료는 120~200만 원 정도로 청년들의 평균 월소득 대비 57퍼센트에 달한다. 그래서 영국에는 청년 홈리스가 8만 명이나 되고 지금도 이 숫자는 계속 증가하고 있다. 그런데 아이러니하게도 비어 있는 집은 넘쳐나고 있다. 2016년 영국 통계청이 밝힌 자료에 따르면 영국 전체에 빈집이 71만 호나 되고 런던에만 8만 호나 된다고 한다.

팀 로위는 '이런 빈집들을 청년들에게 빌려줄 수만 있다면 얼마나 좋을까?'라는 생각을 떠올렸고, 이에 회사를 설립하고 SHED 프로젝트를 진행해 청년들이 저렴한 비용으로 빈집에 살 수 있도록 했다.

스타트업 로위 가디언스는 건물주들을 설득해 빈집들을 무료로 확보했다. 그리고 말끔히 청소한 후 이 집 내부에 11제곱미터 정도의 또 다른 작은 집을 들여놓았다. 그리고 이 집에 거주하면서 관리할 수 있는 청년들을 모집했다. 선발된 청년은 이 빈집의 관리자로 임명되어 월 400파운드(약 59만 원)의 임대료를 지불하고 거주한다. 계약은 매달 집주인과 청년이 상호 합의해 계속 연장할 수 있다.

현재 로위 가디언스는 런던의 첼시 지역 빈집들을 확보해 200여 명의 청년들을 입주시켰다. 청년들은 절반도 안 되는 비용으로 집을 구할 수 있어서 좋다. 더구나 영국은 2014년부터 투기방지를 위해 2년 이상 빈집에 벌금을 물리고 있다. 벌금을 피하려면 사람이 살고 있음을 증명해야 하기 때문에 집주인도 다른 비용 소모 없이 빈집을 관리할 수 있어서 매우 좋은 반응을 이끌어내고 있다.

로위 가디언스의 관리 대상에는 가정집뿐 아니라 경찰서, 술집, 사무실까지 다양한 용도의 건물까지 포함된다. 특히 건축사와 협업해 조립과 해체가 간편한 실내 1인용 오두막을 개발했다. 오두막은 한 사람이 생활하기에 넉넉한 공간을 갖추고 있어 여느 건물에 들여놓아도 무방하며, 하루 만에 조립, 해체할 수 있어 이동도 편리하다.

오두막이 필요 없는 건물일 경우에는 입주에 앞서 전담팀이 주방부터 샤워시설, 와이파이까지 건물 내부를 수리해두기 때문에 청년은 쾌적한 환경에서 근무하며 생활할 수 있다. 계약은 매달 집주인과 집 지킴이가 상호 합의해서 연장할 수 있다. 집주인이 계약 연장을 원하지 않을 경우 계약 만료 한 달 전에 이 사실을 알려야 한다.

집이 없는 청년들에게 합법적이면서도 편하고 안전하게 쉴 공간이 만들어 진다는 점이 매력적이다.

로위 가디언스는 지역사회의 빈집 문제를 조명했고 이를 위해 SHED 프로젝트를 진행했다. SHED 프로젝트로 청년들은 싼값에 주거를 해결하고 집주인은 불법점유, 집 훼손을 막을 수 있다. 이로써 청년들이 나만의 공간에서 편하게 거주생활을 하는 사회를 만들어가고 있다.

지금 국내 사정은 어떨까? 영국과 별반 다르지 않을 것이다. 물론 홈리스나 빈집 수는 적을 수 있지만 집 없이 이곳저곳을 떠도는 청년들이 많다는 것은 부정할 수 없다. 앞으로 빈집을 활용한 SHED 프로젝트가 국내에도 도입되어 주거 문제가 조금이나마 해결될 수 있기를 기대해본다.

09
—

다음세대를 위한
오늘

노예노동 없는 초콜릿, 토니스 초코론리

초콜릿산업에서 농부들은 약자의 자리에 놓여 있다. 언론 등에 따르면 전 세계 카카오 생산량의 70퍼센트를 차지하는 서아프리카의 카카오 농부들이 하루에 벌 수 있는 돈은 0.25달러에서 0.5달러다. 우리 돈으로 200~500원 정도에 불과한 돈을 받고 있는 것이다. 이런 불합리함으로 인해 사회적 관심이 모아지고 있으며 공정무역에 대한 다양한 목소리가 나오고 있다.

하지만 공정무역에도 어려움이 있다. 개발도상국 노동자들에게 정당한 가격을 지불하는 공정무역이 좋기는 하지만 문제는 매출가격이 비쌀 수밖에 없기 때문이다. 공정무역의 이런 딜레마를 극복한 대표적인 사례가 토니스 초코론리 초콜릿이다

최정관 이노바마켓인사이트 한국사무소 대표는 최근 열린 '헤럴드 경제 2020 컨슈머포럼'에서 토니스 초코론리를 소개하며, "공정무역으로 시장에서 네슬레 등을 제치고 20퍼센트의 점유율을 차지하고

있는 초콜릿"이라고 말했다. 토니스 초코론리가 전 세계적으로 유명해진 것은 아주 특별한 창업 스토리 때문이다.

토니스 초코론리의 창업자인 토니 반 퀴겐은 탐사보도 전문기자다. 그는 2004년 서아프리카 카카오 생산지의 열악한 노동 실태를 취재하면서 가나와 코트디부아르에서 200만 명 이상의 아동이 불법 노동환경에 처해 있다는 것을 알게 되어 다큐멘터리를 제작했다.

그는 이 다큐멘터리를 제작하며 자신을 경찰에 신고했다. 그는 스스로를 "불법으로 생산되는 초콜릿을 먹은 당사자"라고 말하며, "아동 노동 착취 등 기업의 불법행위에 일조했다."고 강조했다. 하지만 검찰은 불기소처분을 내렸다.

그는 이에 물러서지 않고, 코트디부아르 카카오농장에서 일하는 4명의 소년을 인터뷰했다. 소년들은 이곳에서 상습적인 폭행을 당하고, 폭언을 들으며 노예처럼 일해왔다고 자백하며 토니는 물론 소비자들을 '노동 착취의 공범'으로 지목했다. 이 도발적인 스토리는 사람들의 이목을 끄는 데 성공, 초콜릿 생산 과정의 불공정을 알리는 계기가 되었다.

그는 이후 초콜릿 회사들의 아동노동, 여성 착취 등이 없어도 초콜릿을 만들 수 있다는 것을 보여주기 위해 토니스 초코론리를 만들었다. 100퍼센트 공정무역 초콜릿이다. 처음에는 5,000개를 출시했는데, 불과 몇 시간 만에 완판을 했을 정도로 반응이 좋았다.

초콜릿 바는 대개 손으로 구부리면 똑같은 크기로 쪼개진다. 사람들은 그런 초콜릿 바를 좋아한다. 혼자서 먹을 때도 으레 똑같은 크기로 나누고, 친구들과 나누어 먹을 때도 모두 똑같은 크기만큼 받아야 공평하다는 느낌이 든다. 하지만 토니스 초코론리는 고객들을 귀찮게 하려 노력한다.

네덜란드에 본사를 둔 토니스 초코론리는 각기 다른 크기로 쪼개지는 초콜릿 바를 2012년도에 출시했다. 당연히 고객들의 불만과 비난이 쏟아졌다. 그럼에도 토니스 초코론리는 각기 다른 크기로 쪼개지는 초콜릿 바를 계속 판매했다. 단지 튀려고 그러는 것은 아니다. 여기에는 토니스 초코론리 브랜드의 핵심 정신이 담겨 있다.

토니스 초코론리는 자사 홈페이지에서 다음과 같은 목표를 피력했다.

"우리는 초콜릿을 광적으로 사랑하고 사람을 진지하게 생각합니다. 노예를 전혀 쓰지 않는 초콜릿 산업이 우리의 목표입니다. 이것이 우리가 토니스 초코론리를 만든 이유입니다. 소비자들도 노예노동 없이 만든 초콜릿에 열광하도록 하는 것이 우리의 임무입니다."

토니스 초코론리라는 브랜드명은 창업자이자 기자로 활동했던 '테운'의 영어식 이름인 '토니'와 '노예노동 없는 초콜릿을 향한 외로운 여정'이라는 문구에서 '외로운(lonely)'이라는 단어와 '초콜릿'을 조합해 만들었다. 그리고 브랜드의 색상에도 의미를 부여했다. 공동창업자 모리스 데커는 이렇게 회상한다.

"빨강이 순수한 초콜릿을 뜻하는 색상 부호이고, 파랑이 우유를 뜻하는 색상 부호임을 내가 어떻게 알았겠습니까? 나는 초콜릿산업에 무지했고, 빨강은 그저 소비자의 눈길을 끌기 위한 선택이었을 뿐입니다. 최초의 토니스 초코론리 밀크 초콜릿 바는 초콜릿산업의 착취에 대한 소비자의 관심을 끌기 위한 붉은 깃발이었던 셈이죠."

각기 다른 크기로 쪼개지는 초콜릿 바 형태도 이러한 사고의 연장 선상에서 나온 아이디어다. 불균등하게 쪼개지는 초콜릿 바는 이익 이 불공평하게 배분되는 초콜릿산업을 상징한다. 실제로 이 초콜릿 바의 디자인을 유심히 살펴보면 초콜릿을 생산하는 서아프리카 국가 들, 즉 코트디부아르, 가나, 토고, 베냉, 나이지리아, 카메룬의 국토 윤곽이 보인다.

토니스 초코론리의 목표는 고객이 초콜릿을 잠시 들여다보고, 초 콜릿 공급 사슬 안에 존재하는 불평등을 상기하게 하는 것이다. 여 전히 회사에는 고객들의 불만이 접수된다. 하지만 토니스 초코론리 는 이를 고객에게 초콜릿 산업의 불평등을 설명할 기회로 삼기에, 초콜릿 바 디자인을 바꿀 생각이 없다.

토니스 초코론니는 공정무역을 중개하는 업체를 통하지 않고 협 동조합 소속 3,600여 명 농부와 직거래를 한다. 농민들이 받는 돈이 줄어드는 것을 막기 위해서다. 그러면서 매년 생산지로 직원들을 보 내 현지 농민, 노동자들의 처우를 조사해 매년 '공정 리포트'에서 상 세하게 밝힌다.

다른 초콜릿에 비해 가격이 높은데도 불구하고 토니스 초콜릿은 2005년 창업 이후 단 한 번도 매출이 줄어든 적이 없다. 100퍼센트 공정무역을 진행하고 공정무역 현황을 투명하게 공개함으로써 고객 에게 '착한 기업'으로 인식되고 있기 때문이다.

토니스 초코론리는 '공정무역'이라는 가치 외에도 색다른 맛과 화 려한 패키징, 디자인으로 소비자들을 사로잡고 있기 때문이다. 토니 스 초콜릿에서는 해마다 새로운 맛의 신제품을 내놓고 있으며, 초콜릿 트럭을 만들어 도시 곳곳을 돌아다니며 무료시식도 제공하고, 공정무역을 설명하면서 소비자를 만나고 있다.

토니스 초코론니는 사회적 문제의식에서 출발했고 100퍼센트 공정무역의 원칙을 따르고 있다. 그래서 이런 성공스토리가 나올 수 있었다. 비결은 두 가지다. 사회적 문제를 해결하고자 하는 진솔한 의지가 느껴져야 한다는 것, 그리고 상품 자체로서 가치가 있어야 한다는 것이다.

토니스 초코론니가 다음세대에게 전하는 메시지가 있다. 그것은 공정무역으로 노예노동 없이도 제품 생산이 가능하다는 것이다. 기업이 공적 가치에 집중하면 할수록 다음세대가 더욱 건강한 사회에서 살아갈 수 있다.

발 건강의 혁신을 실현하다, 뉴발란스

뉴발란스는 우리에게 '스티브 잡스가 신었던 신발', 'N'이라는 로고가 들어간 신발로 유명하고 국내에서도 큰 인기를 누리고 있다. 발의 균형뿐 아니라 건강한 삶의 균형을 창조한다는 사명을 갖고 끊임없이 혁신하고 있는 기업이다.

여기에는 다음세대의 건강한 삶을 위해 최고의 편안함을 제공하려는 뉴발란스만의 경영철학이 반영되었다. 운동화 하나에도 신는 사람을 먼저 생각한다는 철학을 갖고 오랜 기간 끊임없이 이어온 노력이 결실을 이루며 114년의 전통을 가진 진정한 스포츠 명가로 자리 잡았다.

밸런스가 필요한 이들에게 새로운 밸런스를 준다는 의미를 담은 브랜드명을 가진 뉴발란스는 1906년 사업을 시작한 이래 기능성을 강조한 제품으로 발전을 거듭해왔다.

뉴발란스는 1906년 보스턴에 사는 청년 윌리엄 라일리에 의해 시작되었다. 영국에서 미국으로 건너온 젊은 이민자 윌리엄 라일리는 마당에서 놀고 있는 닭들을 멍하니 보고 있었다. 그리고 문득 닭들의 토실한 몸을 받치고 있는 가느다란 다리에 눈이 머물렀다.

'도대체 저런 다리로 어떻게 몸을 지탱하는 거지?'

답은 닭의 세 갈래 발가락과 발톱에 있었다.

닭의 발에서 영감을 얻은 윌리엄은 발을 안정적으로 지지해주는 '아치 서포트'를 개발한다. 뉴발란스 운동화 기술의 핵심이 되는 아치 서포트는 일종의 신발 깔창으로, 사람의 발바닥 중앙에 볼록 들어간 부분인 아치를 받쳐주기 때문에 땅에 발을 디딜 때 편안하면서도 완벽하게 균형을 잡을 수 있도록 해주는 역할을 한다.

윌리엄 라일리는 이 닭발 모양에 착안해 세 갈래 아치를 사람의 발 구조에 똑같이 적용시키고, 정형학적 치료 효과를 가진 신발을 만들기 시작했다. 이렇게 탄생한 뉴발란스의 첫 번째 운동화가 '아치 서포트'다.

아치 서포트는 발이 불편한 장애인들을 위해 만들어진 운동화로, 신발 안에 지지대를 넣어 발이 불편한 이들에게 아주 적합했다. 이러한 기능성 덕분에 자연스럽게 오래 서서 일하는 근로자들을 위한 신발로 인기를 얻었다.

세계 최초로 러닝 스파이크 운동화를 만들고 발 길이가 아닌 발너비에 맞는 운동화를 제작했으며, 밑창에 트렉스터를 넣어 러닝화를 만든 곳이 뉴발란스다. 세대가 지날수록 인간의 발모양은 조금씩 변하고 뉴발란스는 지금 세대에 가장 적합한 운동화를 만들기 위해 노력했다.

100년이 넘는 역사를 지속해오면서 러닝화에 기능성을 더하고 더해온 뉴발란스. 전 세계인으로부터 사랑받는 브랜드로 우뚝 선 저력은 고객중심 사고로 패션에 기능을 더한 뉴발란스만의 철학이 있기 때문이었다.

경영학의 아버지라 불리는 피터 드러커는 "모든 비즈니스는 반드시 위대한 미션으로부터 출발해야 한다."고 말했다. 뉴발란스는 '발의 균형뿐 아니라 건강한 삶의 균형을 창조한다.'는 사명을 갖고 끊임없이 혁신하고 있다. 기업이 건강하고 지속가능한 가치를 구성원들과 공유할 때 그 기업은 진취적인 성장을 거듭한다. 이 정의에 걸맞은 세계의 기업들 중 뉴발란스를 빼놓을 수 없다.

라일리가 닭발에서 힌트를 얻은 아치 서포트와 더불어 한 사람 한 사람의 발 사이즈를 재 만들던 수제화 시스템을 발전시킨 것이 뉴발란스의 트레이드마크인 '가로사이즈'다.

발의 모양은 사람마다 제각각이며 또 나이가 들수록 조금씩 아치가 무너진다. 그러면서 평발화가 점차 진행되고 발볼이 조금씩 넓어질 수 있다고 한다. 이에 따라 모든 연령대의 착화감을 만족시키기 위해 가로사이즈도 필요한 것이다. 뉴발란스는 이에 집중했다.

이 시스템을 도입함으로써 라일리는 제품의 착화감을 유지하면서도 더 많은 이들에게 운동화를 제공할 수 있게 되었다. 가로사이즈는 뉴발란스의 핵심 가치이자 글로벌기업으로 도약할 수 있는 경쟁력이었다. 만들기 까다롭고 팔기 복잡하지만 이는 소비자들의 삶에 큰 변화를 가져왔다.

유명 선수들이 앞다퉈 이를 직접 신고 나서자 홍보는 자연스럽게 이루어졌다. 우수한 제품이 곧 홍보라는 신념으로 막대한 광고비를 사용하지 않으니 이는 다시 제품에 투자되는 선순환 속에서 뉴발란스는 혁신을 거듭했다.

가로사이즈가 적용된 신발을 신는 것은 소비자 입장에서 매우 쾌적하고 즐거운 경험이다. 많은 사람들이 잘 맞지 않는 신발로 인해 한 번 이상은 고통 받았기 때문이다. 그러나 이는 딜러 입장에서는 그리 달가운 시스템이 아니었다. 발의 길이만으로 이루어진 운동화들에 비해 제품 구성 체계가 복잡했다. 소비자들이 원하는 라인업을 모두 갖추자면 창고의 자리도 많이 차지했다. 이때 뉴발란스가 선택한 것은 정면돌파였다.

뉴발란스가 미국을 벗어나 세계에서 판매되기 시작하고, 중국과 베트남, 인도네시아 등에 생산공장을 두기 시작한 이후 이들이 가장 신경을 쓴 것은 기업문화의 형성이었다.

뉴발란스는 1996년 4억 7,400만 달러의 매출을 2000년까지 10억 달러로 끌어올리겠다고 공언했는데, 이러한 목표를 달성하려면 한 기업의 목표를 직원들과 함께 공유하고 서로를 존중할 때 가능하다는 것을 누구보다 잘 알고 있었다.

당시 경영진은 이렇게 말했다.

"바라는 목표를 이루기 위해 우리가 서로를 얼마나 필요로 하는지 알지 못한다면 뉴발란스의 미래는 없습니다. 이 목표는 뉴발란스를 위한 목표이자 동시에 우리 자신과 우리의 가족들을 위한 목표입니다."

실제로 뉴발란스에는 직원들 스스로 제품과 회사의 발전을 자신의 일처럼 생각하는 기업문화가 정착되고 있었다.

뉴발란스는 건강한 노동환경을 위해 지켜야 할 사회적 법규의 실천을 공급업체로 확대하면서 행동규범을 만들고 공급업체들이 이에 동의하도록 했다. 미국 내 공장들은 물론 모든 해외 공급업체들도 마찬가지다. 그곳에도 '신용과 의리'가 있었다.

수많은 공장들이 원가절감을 위해 미국 공장의 불을 끄고 해외로 나가던 시절에도 이들은 황폐해진 지역사회에 다시 불을 켜고 경제에 활력을 불어넣었다. 매사추세츠를 기반으로 태어난 후 그 뿌리를 미국에 묻어왔으며, 여전히 미국에서 운동화를 만들고 있다는 데 자부심을 가지고 있다.

뉴발란스는 의류와 스포츠 업종에서 세계적인 브랜드 기업들이 지난 수십 년간 대부분의 생산 기반을 저임금 개발도상국으로 옮겨왔음에도 'Made in USA'라는 약속을 지키고 있다. 세계 각국에 생산 거점을 두고 있지만 뉴발란스는 전 세계 생산량의 25퍼센트를 미국 내에서 만들어 내고 있다. 지금도 미국 동부 뉴잉글랜드 지역에 다섯 개의 공장을 운영하면서 지역경제에 기여하고 있으며, 이로써 브랜드와 제품에 대한 신뢰도를 높이고 있다.

많은 사람들이 중국에 비해 인건비가 10배나 비싼 미국에서 운동화를 만드는 고집에 의구심을 표했지만 공정의 자동화와 재고비율을 낮추는 운영 혁신으로 경쟁력을 유지하고 있다.

"단순히 이윤을 남기는 성장은 우리의 목표가 아니다. 오직 품질과 진실성에 있어 타협하지 않은 채 이윤을 남기는 성장이 우리의 목표다. 우리의 목표는 가장 큰 회사가 되는 것이 아니라 최고의 기업이 되는 것이다."

이런 신념 속에서 뉴발란스는 오늘도 모든 구성원과 그 목표를 공유하고 있다.

뉴발란스를 탐구하다 보면 영속적인 기업의 생명력 안에는 독특한 DNA가 있다는 것을 알 수 있다. 114년이라는 오랜 전통을 유지하면서 세계적인 기업으로 성장한 뉴발란스의 독특하면서도 철저히 원칙에 기반한 성공 요인은 뉴발란스가 기업의 가치를 영속시키기 위해 미션과 비전 창조에 고군분투한 역사에 있다.

또한 뉴발란스가 오랜 전통을 유지하며 글로벌 브랜드 기업으로 성장할 수 있었던 것은 다음세대를 위한 운동화, '사람이라는 핵심가치'를 위해 '사람에 대한 투자'를 최우선으로 삼은 경영 원칙 때문이다.

사람을 최우선으로 생각하는 뉴발란스의 경영은 이 시대에 위대한 기업에서 사랑받는 기업으로 발돋움하는 중요한 요소가 아닐까 생각해본다. 발 건강과 건강한 삶의 균형을 추구하는 뉴발란스는 오늘날 글로벌시대에도 전 세계 공급업체들과 '건강한 노동환경'을 위해 '공급업체 행동규범'을 맺고, 지속적인 사회 환원과 환경 기준을 선도하기 위해 '사회적 책임경영'을 실행하고 있다.

치매환자들이 사는 마을, 호그벡

2017년 9월, 문재인 정부는 "앞으로 치매는 국가가 책임지겠다."고 선언했다. 전국 256곳에 간호사, 사회복지사 등이 근무하는 치매안심센터가 문을 열었고, 치매 환자와 가족이 행복한 '치매안심마을'을 지정하는 사업도 진행 중이다.

《한겨레》는 한국언론진흥재단의 사회보장제도 연수 과정 중 치매안심마을의 모델이 된 네덜란드 호그벡 마을을 찾아, 마을 공동창립자와 함께 마을 구석구석을 둘러보았다.

사람의 수명이 늘면서 각종 노인성 질환도 눈에 띄게 많아지고 있다. 그중 가장 심각한 질병이 치매가 아닐까 싶다. 네덜란드에는 치매환자가 모여 사는 마을이 있는데, 이 마을의 주요 구성원은 노인이며 마음껏 여가생활을 즐기고 있다.

네덜란드 수도 암스테르담의 외곽에 위치한 작은 마을 호그벡은 영화 〈트루먼쇼〉를 연상시킨다. 영화에서 주인공을 둘러싼 모든 공간과 구성원이 주인공을 위해 꾸며진 세트와 연기자였던 것처럼 이 마을의 모든 시설과 직원은 치매환자만을 위해 마련되었다.

축구장 세 개 크기인 1만 5,000제곱미터의 마을은 23개 가옥과 극장, 커피숍, 슈퍼마켓, 레스토랑, 공원, 미용실 등의 편의시설로 이루어져 있다.

생활 모습은 네덜란드의 평범한 마을과 별 차이가 없다. 치매환자들은 자신이 하고 싶은 일을 하면 된다. 텃밭에서 채소를 키울 수 있고, 교회에서 예배를 볼 수도 있다. 다른 입주자와 공방에서 악기를 다루고 그림을 그리기도 한다. 가격표가 없는 물건을 슈퍼마켓에서 사거나, 별도로 돈을 지불하지 않고 미용실에서 머리를 자른다. 피곤하면 자신의 침실로 돌아가 잠을 청한다.

호그벡 마을은 150명의 중증 치매환자를 위한 마을형 요양시설로 23개의 거주구역으로 나누어 보통 치매환자 예닐곱 명이 간병인 한두 명과 함께 한 집에 산다. 이 마을에는 치매환자 152명 외에도 의사와 간호사, 자원봉사자 250명이 함께 산다. 250명의 요원이 마을 주민 개념으로 상주하는 것이 특징이다.

마을에 배치된 요원은 간호사나 돌봄 제공자이며, 평상복을 입고 요리뿐 아니라 목욕, 투약 처방까지 모든 일을 수행하며 치매환자들의 삶을 지원하다. 관리진은 한 시간마다 모든 환자의 동선을 파악한다. 모든 출입문에는 자물쇠가 없어, 혹시 모를 사고에 대비한다.

호그벡 마을이 문을 연 것은 2009년이다. 요양원 간호사였던 반 아메롱헨은 요양시설이 과연 치매환자들을 위한 서비스인지 고민했다고 한다. 아버지가 심장마비로 사망했을 때 '우리 요양원에 오지 않아 다행이다.'라는 생각을 들자, 그녀는 "병원보다는 거주한다는 느낌을 가질 수 있는 공간을 마련해야겠다.'고 생각했다.

거주시설부터 치매노인들의 취향을 적극 반영했다. 거주자 세대의 생활양식을 분석해 네덜란드식, 기독교식, 예술식, 인도네시아식 등 일곱 가지 양식으로 지었다.

그녀는 "인간은 다른 이와 어울려야 하는 사회적 동물이다. 치매 환자들도 인간으로 그럴 권리가 있다."고 강조했다. 이어 "거주자들은 다른 입주자와 어울리며 때로는 산책, 목욕, 음식 만들기와 같은 일상 활동을 최대한 독립적으로 수행하고 있다."며, "이는 치매 진행 속도를 늦추는 데 도움이 된다고 본다."고 말했다.

이곳 마을에서 만난 한 여성은 금융컨설턴트로 일하던 남편이 치매를 얻자 이곳의 '클래식' 주택으로 들어왔다. 그녀는 "8년 전 남편은 치매에 걸린 뒤 밤낮을 가리지 않고 집을 나가 실종되는 일이 반복되었다."고 했다. 남편이 치매를 앓자 아내의 일상도 무너졌다. 그녀는 남편을 위해 3년 전 호그벡을 찾았다. 이 여성은 "브루크너와 말러, 푸치니의 음악을 좋아하던 남편의 호그벡 방에는 여전히 클래식 음악이 흐른다."며, "증세가 호전되지는 않지만 빠르게 나빠지지도 않는다. 무엇보다 예전의 일상을 계속 유지할 수 있다."고 말했다.

환자마다 다른 취향을 감안해 인테리어도 일곱 가지 테마 중 하나를 고를 수 있도록 했다. 이 마을에서 치매 환자는 길을 잃을 염려도 없다. 마을 어딘가에 항상 집으로 안내하는 이웃이 있기 때문이다.

호그벡 마을의 조성비용은 250억 원에서 300억 원 가량 투입되었으며, 네덜란드 정부가 22만 달러(약 2억 7천만 원)를 부담하고 사용자는 일정금액을 지불한다. 요양등급 판정을 받아 호그벡 마을에 입소한 치매노인은 적게는 월 500유로(약 65만 원), 많게는 2,500유로(약 322만 원)를 부담한다. 소득이 많을수록 비용도 많이 내야 한다. 다소 비싸기는 하지만, 요양시설이 지급받는 1인당 월 6천 유로(약 774만 원)는 장기요양보험이 부담한다.

다만 수용인원의 한계가 있어 대기자가 길고 고비용이 다소 부담될 수 있다는 평가도 있다. 이런 이유로 네덜란드 호그벡 마을을 벤치마킹하는 사례도 늘고 있다. 프랑스는 파리 외곽 랑드 지역에 '다리게디'라 불리는 알츠하이머 마을을 만들고 있다. 120명의 치매환자가 입소할 수 있는 마을로 이르면 2021년쯤 문을 열 계획이다.

스위스 역시 바이들리바흐 지역에서 비슷한 프로젝트를 진행 중이다. 독일은 인구 2만 명 단위의 주거지역마다 장기요양센터를 설립, 운영할 계획을 밝힌 상태다. 영국 역시 '알츠하이머 카페'를 설치, 치매환자와 가족, 친구들이 자연스럽게 사회 교류를 나눌 수 있도록 자리를 마련했다. 치매 관리를 개인 단위에서 그룹 단위로 확장하는 것이 전 세계 추세다.

치매국가책임제가 본격 시행되면서 치매안심마을에 대한 관심도 점차 높아지고 있다. 치매환자 본인과 가족 모두에게 만족을 줄 수 있는 마을로 자리 잡으려면 어떤 치매안심마을을 조성해야 할까? 각 국의 치매안심마을 사례에서 향후 우리나라에 조성될 치매안심마을의 시사점을 볼 수 있을 것으로 보인다.

우리나라도 2019년부터 용산구의 치매환자 120명을 들일 치매안심마을을 네덜란드 호그벡 마을을 모델로 진행하고 있으며, 경기도 양주의 옛 용산구민 휴양지 부지에 지어질 예정이다.

앞서 이야기한 호그벡 마을에서 노인들은 갇혀 지내는 치매환자가 아니라 삶을 즐기는 한 명의 구성원으로 인식된다. 조금 더 사회의 관심이 필요하다. 그리고 질문한다. 여러분은 어떻게 치매노인을 바라보고 있는가? 가둬두어야 하는 환자인가? 인생을 즐길 수 있는 삶의 주체인가? 다음세대들을 위해 우리는 고민해야 한다. 어쩌면 이것이 우리의 미래가 될지도 모르겠다.

국민건강이 민족 부흥이다, 유한킴벌리

자선사업가, 독립운동가, 교육가, 성공한 기업인. 이 모두 한 사람의 직업이다. 그는 우리 시대에 진정한 노블리스 오블리제를 실천하고 많은 사람들의 기억에 남아 있는 멘토 유일한 회장이다. 유한킴벌리의 창업자 유일한 회장의 미담은 이미 널리 알려져 있다.

유일한 회장은 국내 최초의 제약회사 유한양행을 설립했으며 일제강점기 시절 이후 새로운 자본주의를 실천한 분이다. 1971년에 삶을 정리하시면서 전 재산을 사회에 기증했다. 라면 한 봉지에 20원하던 시절을 감안하면 총재산 36억 원을 사회에 기부했던 유일한 회장의 마음이 얼마나 대단한지 느낄 수 있다. 우리나라 최초로 종업원 지주제를 실시했으며, 회사는 우리 직원들과 함께 가는 회사라는 철학으로 회사를 운영했다.

일제강점기 시절 유일한 회장은 '민족의 부흥은 국민건강에 있다.'라는 사명을 갖는다. 이에 먹을 것이 부족했던 시절 비타민D 섭취량이 부족한 한국인에게 특화된 영양제를 만드는 데 주력했다. 사명감을 갖고 양질의 비타민을 국민들이 섭취할 수 있는 시대를 만들었으며 제약회사 최초 매출 1조 원을 돌파했다. 윤리경영, 사회책임경영을 하는 사람이 어떠한 악조건 속에서도 존경받고 성공할 수 있다는 것을 잘 보여주는 대표적인 인물 중 한 명이다.

국내의 대표적인 기업공익캠페인 '우리강산 푸르게 푸르게'로 잘 알려진 유한킴벌리는 유한양행의 창업주인 유일한 박사가 킴벌리클라크의 투자를 받아 우리나라에 1970년 설립한 합작기업으로, 창업주의 기업정신을 이어받아 사회공헌은 물론 납세와 노사화합 등에서 모범적인 경영을 해왔다.

특히 생산현장의 4조 예비조 근무와 평생학습경영, 투명경영, 우리강산 푸르게 푸르게 캠페인, 환경친화경영, 가족친화경영, 스마트워크, 공유가치창출 등의 경영혁신 모델로 유한킴벌리는 대한민국 대표 사회공헌활동 우수기업으로 널리 알려져 있다.

유한킴벌리는 1984년부터 다음세대를 위해 황폐화된 산림 복구의 중요성을 확인하고 이를 위해 '우리강산 푸르게 푸르게' 캠페인을 전개해 나무를 심고 숲을 가꾸는 일을 시작했다.

이 캠페인은 기업의 사회공헌을 대표하는 캠페인으로 평가받아왔고, 유한킴벌리 환경경영의 진정성 있는 외부 실천활동으로도 인정받고 있다. 국내 기업의 환경경영과 사회공헌 활동에도 긍정적인 영향을 미친 이 캠페인은 2014년 30주년을 맞이해 대한민국 인구와 같은 5천만 그루의 나무를 심고 가꾸는 목표를 달성했고, 다음세대에 건강한 숲을 물려주고 일상에서 누구나 숲의 가치를 느끼고 즐기게 하고자 한다.

숲의 중요성을 국민들과 공유하고 자원봉사의 체험을 확산하기 위해 회사에서는 매년 봄 신혼부부들을 초청해 국유림에서 직접 나무를 심고 자연을 접할 수 있는 기회를 제공하고 있다.

숲의 중요성을 깨닫고 새로운 인생의 출발을 다짐하는 계기를 마련하고자 식목일 즈음에 신혼부부 나무심기를 열고 있으며 신혼부부들은 함께 땀을 흘려가며 무엇보다 나무를 심는 일의 즐거움과 소중함을 체험했다.

고령화시대를 맞이해 숲에서 새로운 삶의 대안을 제시하고자 2016년부터 은퇴 전후 5060세대에게 산촌에서 새로운 삶을 설계할 수 있도록 돕고 있다. 시니어 산촌학교는 시민들과 소통하고 숲에서 행복할 수 있도록 이론과 현장교육을 진행하고 있으며, 2016년부터 해마다 2기에 걸쳐 교육을 제공해 2017년까지 157명의 교육수료생을 배출했다.

한편, 유한킴벌리는 시민단체, 공공기관과 함께 10년 동안 세 개 지역에 공존숲을 조성하고 있다. 시민들이 스스로 참여해 숲을 건강하게 가꾸게 함으로써 지역의 산림을 지키고 그 속에서 다양한 체험 프로그램 개발로 지역 사회가 활성화되는 큰 관점의 공존을 이룰 것이다.

이에 대한 시작으로 세 개 사업장의 숲지킴이들이 공존숲을 가꾸고 발전시켜나가는 정기적 활동을 펼치고 있으며, 매해 임직원과 가족들이 함께 자원봉사를 하고 있다.

이외에도 사람과 자연이 공존하는 도시숲 조성 등 다양한 프로그램으로 유한킴벌리는 국가와 사회와 국민들에게 기업의 본분을 다하는 대표적 사회공헌 기업이 되었다.

유한킴벌리는 고령화를 문제가 아닌 기회로 인식하자는 발상의 전환으로 시니어를 '액티브시니어'(활동하는 노령층)로 전환하는 방식을 고민했다. 액티브시니어가 생산가능인구로 편입되어 경제 파이가 커지고 일자리도 늘면서 경제가 성장하는 공유가치의 선순환구조가 형성될 수 있다고 본 것이다. 한국보건산업진흥원은 국내 실버산업 규모가 2012년 27조 4,000억 원에서 2020년 72조 8,000억 원까지 성장할 것으로 예상했다.

유한킴벌리는 시니어 일자리 확장을 위해 '시니어기금'을 조성, '시니어 소기업 육성'과 시니어 시설의 심리 및 위생교육을 제공하는 '시니어케어매니저 육성', '시니어용품의 공익유통 모델' 등을 지원한다. 아울러 '시니어가 자원이다'라는 캠페인으로 사회적 확산에도 힘쓰고 있다.

관계자는 "시니어가 액티브시니어로 바뀐다면 고령화문제 해결은 물론 새로운 산업 형성을 통한 사회발전에도 기여할 수 있다."며, "시니어산업 생태계 활성화는 유한킴벌리에도 새로운 성장동력을 확보하는 계기가 될 것"이라고 말했다.

유한킴벌리가 공유가치창출에 주목한 것은 유례를 찾기 힘들 정도로 빠르게 진행되는 한국의 고령화 현상 때문이다. 급격한 고령화는 복지수요 증가와 경제활력 저하 등으로 사회적 불안감을 키운다.

2000년 이후 우리나라의 고령화 현상이 깊어지면서 2050년 55

세 이상 인구 비중이 전체 인구의 절반에 육박할 것으로 예상되고 있다. 유한킴벌리는 고령화 현상이 사회, 경제적으로 큰 문제가 될 것으로 판단하고, 고령화 현상을 '문제'가 아닌 '기회'로 인식을 전환해 고령화 문제를 해결하고 새로운 사업의 기회까지 창출하는 공유가치 창출 모델을 경영전략에 담았다.

시니어사업이 성장하려면 무엇보다 시니어세대가 역동적인 삶과 행복을 추구하면서 생산자이자 소비의 주체가 되는 것이 중요하다고 판단해, 미래 성장동력으로 시니어사업을 지속적으로 확대하고 있다. 액티브시니어가 생산가능 인구로 편입되어 소득과 소비의 주체가 된다면 경제 파이가 커지고 다시 일자리도 늘면서 경제가 성장하는 공유가치의 선순환이 가능하다고 유한킴벌리는 믿고 있다.

이러한 노력의 일환으로 '액티브시니어' 캠페인을 전개하고 있으며, 시니어 소기업 육성, 시니어 시설의 심리 및 위생교육을 제공하는 시니어 케어 매니저 육성, 시니어용품의 공익유통 모델 등을 지원하고 있다. 이러한 활동으로 450개 이상의 시니어 일자리를 창출하며 고령사회 극복의 가능성을 제시하고 있다.

또한 유한킴벌리는 2012년부터 함께일하는재단과 함께 국내에서 시니어를 대상으로 제품과 서비스를 개발 중인 소기업 및 사회적 기업 중 제품개발이나 판로 개척에 어려움을 겪고 있는 기업을 대상으로 컨설팅 등을 지원해 아직 산업으로 정착되지 못하고 있는 시니어 산업의 가능성을 제시하고자 노력하고 있다.

유일한 회장의 사랑이 물든 유한킴벌리는 다음세대를 위해 건강한 숲을 보존하고 있으며, 고령화 문제를 기회로 삼아 시니어의 일자리 창출 및 문화를 새롭게 만들어가고 있다.

유일한 회장의 인류애가 유한킴벌리에 물들어 있다. 다음세대를 위한 노력이 기업의 가치를 높이고 사랑받는 기업으로 오랫동안 기억될 것이다.

모두를 위해
리드하라

윤리가 경영이다
구성원들과 함께하는가
파트너와 공존하라
경쟁자와 상생하라
지역사회와 함께 나아가라

10
—
윤리가
경영이다

윤리경영의 선두기업 존슨&존슨

라젠드라 시소디아가 쓴《위대한 기업을 넘어 사랑받는 기업으로》를 보면 현재 급변하는 시장환경 속에서 마지막까지 살아남은 기업들을 확인할 수 있다.

코로나19 이후 새롭게 시장경제의 흐름이 바뀌면서 우리가 위대하다고 생각했던 기업들이 쇠퇴하는 경우도 심심치 않게 확인할 수 있다. 하지만 이런 상황 속에서도 굳건히 시장의 중심을 잡는 기업들 또한 존재한다. 그들의 공통점 중 하나가 윤리경영을 실천하는 것이다. 윤리를 중점으로 기업을 운영하는 착한 기업들이 혼란의 시기 속 희망의 꽃을 피우고 있다.

윤리경영으로 핵심가치를 실현하는 대표적인 기업이 존슨&존슨이다. 존슨&존슨은 윤리경영으로 위기를 기회로 바꾼 사례로 유명하다. 존슨 &존슨은 창업 초기 단계부터 윤리경영에 대한 관심이 높았다.

존슨&존슨은 1886년 존슨가 형제들이 창립한 미국의 종합 제약 회사다. 본사는 뉴저지주 뉴브런주에 있다. 초기 수술용 붕대를 제조해 큰 성공을 거두었고 이후 다양한 의약품을 개발해 성장하면서 오늘날과 같은 세계적인 글로벌 대기업으로 자리매김했다. 전 세계 57개국에 250여 지사 및 자회사가 있으며, 175여 개국에 제품이 판매되고 있다.

우리가 흔히 접하는 진통제 타이레놀, 존슨즈 베이비로션, 벤드에이드 등을 생산 판매하고 있으며 대부분 장수제품이다. 그만큼 고객의 신뢰를 받고 있다는 증거다. 30년 가까이 무디스 신용평가 최고 등급인 AAA를 유지하고 있으며, 세계에서 가장 존경받는 기업 중 하나다.

존슨&존슨의 창립자 2세 로버트 우드 존슨이 1943년에 발표한 'Credo'(우리의 신조)는 이들의 경영철학이자 기업윤리를 상징한다. 이들은 소비자, 직원, 세계공동체, 그리고 주주에 대한 책임을 강조한다.

"기업의 첫 번째 책임은 우리의 제품과 서비스를 이용하는 소비자들에 대한 것이다. 두 번째 책임은 기업의 종업원들에 대한 것이다. 세 번째는 지역사회에 대한 것이다. 그리고 마지막 책임은 우리 주주들에 대한 것이다."

1943년에 문서화된 이 '원칙'은 로버트 W. 존슨과 그의 후임자들이 반드시 준수하는 절대적인 원칙이 되었다. 그들은 기업이 첫 번째, 두 번째, 세 번째 책임을 지키면 주주들에 대한 책임은 자연스럽게 완수할 수 있는 것으로 생각했다.

존슨&존슨의 이러한 신조가 극명하게 드러난 것이 1982년 미국 시카고에서 일어난 '타이레놀' 사건이다. 1982년 미국 시카고에서 해열진통제인 타이레놀을 먹고 무려 일곱 명이 사망했다. 누군가 고의로 타이레놀 병 속에 청산가리를 집어넣은 것이다.

이때 존슨&존슨은 기업의 신조대로 고객과 사회에 대한 책임을 실천하기 위해 즉각 시카고뿐만 아니라 미국 전역에서 모든 타이레놀을 수거해 전량 폐기했다. 그 비용만 총 2억 5,000만 달러(약 3,000억 원)에 달했으며, 세계 최초의 대규모 리콜이었다.

사건의 진상이 구체적으로 드러나기도 전인 그해 9월 30일부터 존슨&존슨은 차례차례 필요한 조치를 단행하기 시작했다. 우선 타이레놀에 대한 광고를 전면 중단하고, 언론에 사건의 진상을 솔직히 알렸으며, 범인 검거에 10만 달러(약 1억 2천만 원)의 현상금을 내걸었다. 전국의 병원과 약국에는 급전을 보내 타이레놀을 처방하거나 판매하지 말도록 당부했다. 공장에서는 타이레놀 캡슐 제조를 중단했다.

경찰과 식품의약국(FDA) 등 관계 당국과 연락 채널을 구축해 긴밀히 협력한 것은 말할 필요도 없다. 지역 경찰은 담당구역 구석구석을 돌면서 경찰차의 방송시설을 이용해 타이레놀 캡슐을 복용하지 말 것을 시민들에게 알렸다. 이 덕분에 독극물이 주입된 타이레놀 병이 몇 개 더 발견되었지만 사상자는 더 나오지 않았다.

이것은 존슨&존슨이 우리의 신조대로 주주보다 고객과 사회에 대한 책임을 우선시했기 때문에 가능했다. 사건 발생 직후 35퍼센트에서 8퍼센트로 급감했던 매출은 신속한 대처 이후 다시 진통제 시장 점유율 1위를 차지하며 회복된다. 일사불란한 처리로 존슨&존슨은 소비자들로부터 더 큰 신뢰를 받을 수 있었으며 더욱더 존경받는 기업이 되었다.

반세기도 훨씬 전에 만들어진 단 한 장으로 된 이 신조는 존슨&존슨을 세계 최고의 존경받는 기업으로 만들어 준 살아 있는 지침서이자 영혼과도 같은 핵심가치다.

윤리경영의 대명사 존슨&존슨의 성장은 많은 기업들에게 시사하는 바가 크다고 본다. 윤리경영에 대한 소극적인 자세로는 신뢰받는 기업으로 거듭나기가 불가능하며, 그 책임과 결과는 고스란히 기업에 돌아온다는 인식을 가진 것이다.

현재 글로벌기업의 윤리적 민감성은 과거에 비교할 수 없을 정도로 높아지고 있다. 동시에 기업의 핵심가치를 경쟁력으로 만들려는 노력이 경주되고 있다. 글로벌기업들은 윤리문제에 철저한 점검과 핵심가치 전반의 강화를 도모하고 있다. 이를 위해 이들 기업들은 핵심 가치를 재설정하고 윤리와 경쟁력 강화를 포괄하는 사업들을 늘려나가야 한다.

저명한 경영학자 톰 모리스는 현대 비즈니스의 효율, 경영전략, 새로운 기법과 데이터 등 모든 비즈니스 활동 뒤에는 인간이 있다는 사실을 잊어서는 안 된다고 지적한다. 윤리경영이란 한때 유행처럼 번지다가 사라져간 리엔지니어링, 다운사이징 등 경영효율화 방법 중 하나가 아니다.

윤리경영은 이윤 추구라는 기업의 본래 목적 수행과 동시에 기업의 이해관계자인 고객, 협력회사, 주주, 종업원 등이 공존하고 공영할 수 있도록 기업을 경영하는 것이다. 즉 기업에는 인간이 있다는 사실을 염두에 두는 것이 윤리경영이다. 윤리경영으로 위기를 극복한 존슨&존슨의 경영에는 인간을 존중하고 신뢰하는 마음이 깊게 뿌리내려 있다.

투명경영을 실천하는 에버레인

패션사업은 환경오염에 큰 영향을 미치는 산업이다. 제품을 생산하는 공장의 환경과 노동자들의 인권도 문제가 많다. 그런데도 패션 기업들은 제품을 생산하는 공장의 환경이 어떤지, 공장 노동자들의 인권은 어떤 상황인지, 제조공정에서 환경에 어떤 영향을 미치는지는 잘 공개하지 않는다.

패션 기업들이 스스로 투명성을 높인다면 이런 문제에 대한 자각과 의식이 높아질 것이다. 투명성은 제품 생산에만 국한되지 않는다. 고객 입장에서 자신들이 입는 옷의 가격이 어떻게 매겨지는지 궁금할 때가 있다. 원료 가격은 얼마 하지 않을 것 같은데 광고와 마케팅 비용이 많이 반영된 것 같기도 하다. 패션산업의 고질적인 습관인 비밀주의와 소비자들이 갖는 궁금증을 풀어주면서 인기를 끄는 브랜드가 있다. 투명경영의 선두주자 에버레인이다.

에버레인은 2010년 마이클 프레이스먼이 만든 의류소매 기업으로, 극단적인 투명경영을 하는 윤리적인 기업으로 유명하다. 에버레인은 원료, 운송비를 포함한 의류 제조 단계의 모든 원가뿐 아니라 제품이 만들어지는 공장과 노동자들이 일하는 모습까지 투명하게 공개한다. 공장들의 위치부터 노동자들이 제품을 만드는 과정까지 근무환경, 근속연수까지 공개했다. 한 글로벌 브랜드 제조공장에서 일하는 전 직원의 임금이 해당 브랜드의 모델료보다 적다는 폭로가 나왔다는 점을 고려하면 패션업계에서는 상당히 이례적인 일이다.

에버레인은 제조 과정까지 투명하게 공개하기 때문에 복지도 최상이다. 타 공장들에 비해 평균연봉이 더 높은 것은 물론 직원들을 위한 교육과 의료지원, 금융상담까지 해준다.

밀레니얼 세대들은 에버레인의 극단적인 투명성에 이끌려 팬이 되었고 덕분에 현재까지 급속도로 성장하고 있다.

에버레인의 또 다른 키워드는 차별화다. 신생 브랜드로서 기존 소매의류 시장의 관행과 방식을 거부하고 자신들만의 방식으로 차별성을 만들어왔다. 그 차별성은 탁월한 품질, 윤리적 공정, 극단적인 투명성이다. 창업자이자 CEO인 마이클은 컴퓨터 엔지니어링과 경제학을 전공하고 사모펀드 회사에서 소매산업을 담당하면서 패션산업의 관행과 문제점을 보고 이를 개선하고 수익을 거둘 수 있으리라 판단했다.

지난 2013년까지 에버레인은 블랙프라이데이 세일 기간마다 '소비자들이 합리적 소비가 무엇인지 생각해보자'는 취지로 영업을 하지 않았다. 하지만 마이클 프레이스먼은 '문을 닫는 것 말고 더 의미 있는 것을 할 수 있지 않을까?'라는 생각으로 2014년부터는 블랙프라이데이 때 영업을 하는 대신 여기에서 얻은 수익 전액을 공장 근로자 복지에 사용하고 있다.

에버레인을 처음 세상에 알린 티셔츠는 품질이 우수하고 윤리적인 공장에서 생산되었다. 그러면서도 가격은 15달러로 비싸지 않았다. 외부 유통망을 쓰지 않고 자사의 온라인 스토어에서만 판매했다. 소셜미디어로 에버레인의 철학과 차별성을 알리자 기존 패스트패션 소매업체의 대량생산 제품에 식상해진 젊은 고객들이 몰려들었다.

에버레인은 제품의 원료비와 제작비용을 투명하게 공개하고, 이윤을 많이 붙이지 않고 가격을 낮춰 고객들에게 신뢰를 얻었다. 그리고 그 과정을 고객들에게 알려주었다. 고객들은 다른 소매 브랜드들이 소매점 유통과 마케팅에 많은 비용을 쓰면서 높은 가격을 매기는 관행과 대비되면서 진실성을 느꼈다.

대부분의 소매브랜드들은 시즌별로 컬렉션을 대량으로 론칭한다. 그러나 에버레인은 제품을 기준으로 본다. 그래서 소프트웨어를 업그레이드하듯이 제품별로 업그레이드된 '버전'이 나온다. 그리고 그 제품마다 제작과 업그레이드 배경에 대한 스토리를 담으며 소비자들은 그 스토리를 듣고 제품을 산다.

에버레인은 2018년에 폐플라스틱병 300만 개를 재료로 해 만든 의류 브랜드를 론칭했고, 2021년까지 자신들이 생산하는 모든 제품과 포장에 새 플라스틱을 사용하지 않겠다고 선언했다. 그리고 사무실과 원료 공급망에서도 일회용 플라스틱을 없애는 프로젝트를 시작했다. 이 캠페인을 하면서 에버레인은 자사의 고객들에게도 일상에서 플라스틱을 사용하지 말라고 권한다. 그리고 매장과 온라인 동영상으로 친환경적으로 생활할 것을 권장한다.

에버레인은 사회적 가치에 대한 창업자의 확고한 의지와 철학이 반영되면서 일관성 있는 제품과 스토리를 만들어내고, 이것이 소비자들에게 긍정적인 영향을 미치고 있다.

제이크루, 아베크롬비, 갭 등 유명한 기존 패션 브랜드가 침체를 겪고 있지만 에버레인은 급성장하고 있다. 밀레니얼 Z세대가 이들의 성장을 이끌고 있기 때문이다. 에버레인은 영국 해리 왕자의 왕자비인 메건 마클이 애용하는 브랜드다.

최근 미국 내에서 '착한 기업'이 각광받고 있는 추세와 더불어 이런 에버레인의 투명경영은 소비자들을 열광하게 했다. 실제로 시장조사기관 민텔에 따르면 미국 내 소비자들 절반 이상은 비윤리적 기업의 제품은 구매할 의사가 없다고 응답했고, 더 비싸거나 질이 좋지 않다고 하더라도 윤리적 기업의 제품을 선택하겠다고 답했다.

이런 이유로 매출도 승승장구하고 있다. 설립 4년 차에 우리 돈 약 2,900억 원 이상의 기업가치를 평가받고, 매년 두 배 이상의 매출 성장률을 기록 중이다. 2016년 매출은 우리 돈 약 1,000억 원에 달했다.

에버레인의 사회적 가치를 중시하는 투명경영에서 우리가 깨달을 수 있는 것은 기존 기업이든 신생 기업이든 모든 기업이 사회적 가치를 어떤 형태로든 경영에 반영해가야 한다는 것이다.

기업들은 이제 기존 주주 자본주의의 프레임에서 제대로 대접받지 못한 직원과 지역 커뮤니티 등의 이해관계자들을 배려해야 젊은 고객들로부터 인정받고 더 많은 수요를 만들 수 있다.

과거 존경받는 기업이 더 잘 성장한다는 연구를 뛰어넘어 이제 사회적 가치를 반영하고 만들어내는 기업이 더 빠르고 크게 성장하는 시대가 되었다. 세상이 변하고 있다. 소비자들은 똑똑해지고 있다. 그에 맞춰 기업들도 달라져야 한다. 에버레인의 투명한 경영과 사회적 가치를 중점으로 두는 모습에서 사회가 변화되고 있음을 알 수 있다.

투명한 언론정보의 힘, 퓨 리서치센터

퓨 리서치센터는 워싱턴 DC에 본사를 둔 비영리 연구조사기관으로, 미국과 세계를 형성하는 사회문제, 여론 및 인구통계학적 동향에 대한 정보를 제공한다. 또한 여론조사, 인구통계연구, 미디어 콘텐츠 분석 및 기타 경험적 사회과학연구도 수행한다. 퓨 리서치센터는 정책적인 입장을 취하지 않으며 퓨 자선신탁의 자회사다. 센터는 아홉 명의 자원봉사자 이사회가 관리하고 있다.

1990년 타임즈 미러 신문사가 만든 리서치 프로젝트에서 시작되었는데, 이 프로젝트는 정치 및 주요 정책 문제에 대한 정기적인 여론조사를 실시했다. 1996년 퓨 자선신탁이 센터의 후원자가 되어 '사람들과 언론의 퓨 리서치센터'로 이름을 변경했다.

연구원들은 매년 공개적으로 이용 가능한 정보 및 출판자료로 정보를 수집하고 있으며, 각 연례보고서는 출판되기 약 18개월에서 2년 전에 발생한 사건을 조사하고 있다.

2019년 퓨 리서치센터는 퓨 자선신탁과 존템플턴재단이 자금을 조달한 퓨-템플턴 글로벌 종교 선물 프로젝트의 일환으로 종교와 글로벌 제한에 관한 10번째 연례보고서를 발표했다. 이전 보고서는 전년 대비 변화에 중점을 두었지만 이 보고서는 특정 지역 및 198개 국의 추세를 보다 광범위하게 보여준다.

이 보고서는 2007년부터 2017년까지 종교와 관련된 종교와 사회적 적대행위에 대한 정부의 제한이 어떻게 바뀌고 증가했는지를 기록하고 있다. 52개 정부가 2007년 40개에서 높은 수준의 종교에 대한 제한을 가하는 반면 56개국은 가장 높은 수준의 사회를 경험했다.

이 보고서에 따르면 종교 단체의 종교적 자유와 정부의 편애를 제한하는 법률과 정책이 가장 널리 퍼져 있는 두 가지 유형의 제한이다. 이 추세는 종교적 제한이 전 세계적으로 증가하고 있지만 모든 지역이나 모든 종류의 제한에서 균등하지는 않다는 것을 시사한다.

2015년 설문조사 연구의 기반이 되는 전통적인 방법론을 확장하고 강화하는 방법을 검토하고 사회과학 연구의 최전선에서 새로운 대안 방법의 가능성을 탐구하기 위한 특별한 노력을 시작했다.

조사 전문기관의 독립성, 객관성, 정확성, 겸손, 투명성 및 혁신은 센터의 사명과 성공에 없어서는 안 될 필수 요소다. 모든 센터 책임자, 임원 및 직원은 이러한 속성과 그로부터 발생하는 대중의 신뢰를 보호하기 위해 노력하고 있다.

1997년에 시작된 저널리즘 우수 프로젝트를 포함해 1999년 '퓨 인터넷&아메리칸 라이프 프로젝트'와 2001년 '종교 및 공공생활에 관한 퓨 포럼', '퓨 히스패닉 센터', '퓨 세계 태도 프로젝트' 등 사회의 다양한 문제에 대한 관점과 시사를 바탕으로 프로젝트들을 진행해 나갔다.

센터는 대중의 대화를 풍요롭게 하고 건전한 의사결정을 지원하기 위해 노력하고 있다. 광범위한 주제에 대한 실증적 연구는 미국과 국제 정책 입안자, 시민지도자, 교육자 및 일반 대중이 세계에서 가장 어려운 문제를 이해하고 해결하는 데 도움이 될 수 있다고 말한다. 또한 여론조사로 사람들의 목소리를 들을 수 있게 해주며, 인구통계학적, 경제적, 정치적 분석은 세계가 어떻게 변하고 있는지 이해하는 맥락을 제공할 수 있다고 전했다.

퓨 리서치센터는 전문적인 판단으로 당면한 연구 문제에 적합한 도구와 분석 방법만을 사용한다. 외부인이 결과의 신뢰성을 평가할 수 있도록 결과와 방법을 정확하고 상세하게 설명하며, 연구 방법과 관행에 대한 문의를 장려하고, 정보 요청에 신속하게 응답하려고 시도한다.

이 기준이 남용되었다거나 센터의 연구 과정에서 위법행위가 발생했다고 주장하는 센터 직원 또는 다른 사람에 의한 보고서가 있는 경우 보고서는 센터 회장, 연구 부사장, 법무책임자가 검토한다. 센터는 모든 보고서를 철저히 검토하고 필요한 경우 적절한 조치를 취하고 있다.

센터에는 160명 이상의 직원이 있으며, 정치 캠페인이나 정당을 위해 돈을 모으려는 정당 또는 단체에 직간접적으로 기여하지 않으며, 정치 기부를 직원에게 상환하지 않는다. 또한 센터는 직원이 개인적인 능력과 시간에 따라 행동할 때도 고위 직원의 당파 정치활동을 금지하고 있다.

퓨 리서치센터의 임무는 처방하지 않고 알리는 것이다. 사회에 거울을 들고 정책입안자와 대중에게 정보를 제공하는 것을 목표로 하기 때문에 사회의 많은 목소리, 배경 및 관점을 반영하는 것이 중요하다. 포용적이고 다양하며 공평한 것은 센터의 사명을 위한 기초다.

퓨 리서치센터는 이익을 목적으로 하지 않고, 공정하고 투명한 정보제공을 원칙으로 많은 이들에게 신뢰도 높은 정보를 제공하고 있다. 공공의 영역에서 가치를 실현하고 있는 퓨 리서치의 활동에서 언론의 역할과 어떤 방향성을 가져야 하는지 생각한다.

요구르트로 창출한 공유가치, 그라민 다농

2016년 기준 세계에서 다섯 번째로 가난한 나라 방글라데시는 약 50퍼센트의 아이들이 영양실조를 겪고 있을 정도로 아동의 영양 상태가 취약한 상황에 놓여 있었다. 인구의 40퍼센트가 절대빈곤층이고 다섯 살 미만 아이들 가운데 56퍼센트가 영양실조에 시달리고 있었다.

건강한 신체를 갖춘 성인으로 자라나서 사회의 성장동력이 되어야 할 어린아이 두 명 중 한 명이 영양실조일 정도로 열악한 국민건강 실태는 방글라데시 사회의 미래를 위해서도 시급히 해결되어야 할 문제였다.

세계적인 유제품업체 다농은 이곳 아이들의 문제를 해결하기 위해 뭔가 해보기로 했다. 그래서 낸 아이디어가 요구르트였다.

2006년 11월 방글라데시 수도 다카에서 북서쪽으로 230킬로미터 떨어진 보그라 지역에 작고 아담한 요구르트공장이 문을 열었다.

빈민층 소액대출로 유명한 그라민은행과 프랑스의 유제품기업 다농이 손잡고 세운 이 공장은 공장면적 700제곱미터로 웬만한 요구르트공장의 10분의 1도 안 되는 규모지만 단숨에 전 세계 시민단체와 기업들의 관심을 끄는 이슈메이커로 부상했다. 세계 최빈국인 방글라데시 국민들의 영양실조와 빈곤 문제를 개선할 '작지만 의미 있는 시도'로 여겨졌기 때문이다.

노벨상 수상자인 무하마드 유누스가 다농그룹 회장인 프랑크 리부에게 제안해 설립한 이 공장은 '샥티도이'라는 떠먹는 요구르트를 생산한다. 요구르트는 단백질과 칼슘이 풍부해 이유식으로 적합하고 유산균이 많아 소화와 흡수에도 도움이 되기 때문이다.

다농은 아이들이 좋아하는 요구르트에 비타민A, 철, 아연, 칼슘 등 필수영양소를 넣어 한 컵만 먹어도 하루권장량의 30퍼센트를 섭취할 수 있게 했다.

세계보건기구에 따르면 당시 방글라데시는 발육정지를 걱정해야 할 정도로 심각한 영양실조에 걸린 어린이들이 전체의 43퍼센트에 달했다. 처음 샥티도이 가격은 80그램짜리 하나가 5타카로, 우리 돈 100원이 안 되었다. 방글라데시 전통 방식으로 만든 요구르트보다 40퍼센트 가량 저렴한 가격을 책정해 극빈층 어린이들에게 최소한의 영양소를 공급하도록 한 것이다.

다농은 단순히 아이들에게 요구르트를 기부하는 것을 넘어 새로운 모델을 시도했다. 현지 농부들이 원료를 대고, 공장을 돌리고, 배달까지 하도록 한 것이다. 이렇게 하면 생산비를 줄일뿐더러 일자리를 만들고 농부들의 소득도 올릴 수 있기 때문이다. 가계소득이 늘어나면 아이들의 영양상태를 더 개선할 수 있다는 판단이었다. 이 요구르트 한 컵이 아이들은 물론 농부들의 삶을 어떻게 바꿔놓았을까?

그라민 다농은 방글라데시 한 시골마을에 공장을 세운 뒤 인근 농부 250여 명에게 우유를 공급받았다. 이들은 젖소 2~5마리 정도를 키워 짜낸 우유를 집집마다 돌아다니며 팔고 있었다. 우유를 납품하면서 이들은 일주일에 60달러를 벌 수 있었다. 1인당 국내총생산(GDP)이 2017년 기준 1,532달러에 불과한 방글라데시에서는 큰돈이었다.

우유 소비량이 늘면서부터 그라민 다농은 냉장보관시설을 지어주었고, 그라민은행은 농부들에게 젖소를 살 돈을 저렴하게 대출해 주었다. 단맛을 내기 위한 재료인 설탕을 수입하는 대신 대추야자 시럽을 이용했다. 이 역시 대추야자 묘목과 농기계를 살 수 있게 대출해 주고 매년 약정된 가격에 수확물을 되사들였다.

그라민 다농은 이곳 공장에 자동화 기계를 일부러 들여놓지 않았다. 대신 현지 주민들에게 더 많은 일자리를 만들어주도록 공장을 설계했다. 50여 명의 농부들은 남는 시간에 공장에 와서 플라스틱 숟가락과 요구르트통을 만들었다. 마을마다 모아놓은 우유를 공장까지 배송하는 것도 오토바이를 이용한 주민들 몫이었다.

요구르트 판매와 배달은 270여 명의 현지 여성들에게 맡겼다. 도로사정이 열악해 차량이 마을마다 들어가기 어렵고 가게에서 판매하면 가격이 비싸지기 때문이었다. '그라민 레이디'라 이름 붙여진 여성들은 우리나라의 '야쿠르트 아줌마'처럼 가방을 둘러메고 집집마다 다니며 판매했다. 고용 창출이 이루어진 것이다. 이들은 하루 평균 50여 개를 팔아 한 달에 30달러를 벌었다. 가장 의미 있었던 변화는 아이들의 건강이 개선된 것이었다.

존스홉킨스대학교 연구팀이 2008~2010년 방글라데시 초등학교 네 곳을 조사한 결과, 1년간 꾸준히 샥티도이를 섭취한 학생들은 다른 학생들보다 혈중 헤모글로빈 농도가 증가했고, 1년 동안 평균 신장 0.32센티미터가 더 성장했다. 결정적으로 비타민A의 흡수를 돕는 요오드와 레티놀 결합 단백질 수치가 개선되었다.

2017년 기준으로 매일 10만 여 컵의 요구르트가 현지에서 판매되고 있다. 500여 명의 농부들이 젖소를 키워 우유를 공급하고 있고, 300여 명의 여성들이 요구르트를 배달하고 있다. 직간접적인 수혜자가 30만여 명에 이른다. 그래서 그라민 다농은 기업이 사회적 기업을 설립해 성공을 거둔, 공유가치 창출의 대표적인 사례로 꼽힌다.

그라민 다농의 사례는 기업이 추구할 수 있는 공유가치의 두 가지 성격에 대한 명확한 함의를 품고 있다. 우선은 방글라데시 농촌지역 빈곤층 아동들의 취약한 영양상태를 개선하는 것에서부터 우유를 공급하는 농부 및 여성 판매원들의 고용을 창출하고 구매력을 증가시켜 지역 경제를 활성화시키기까지, 방글라데시 지역사회를 위한 사회적 임팩트를 창출해낸 것이 그 첫 번째다.

아울러 기존의 낮은 구매력으로 인해 자사 제품에 대한 수요가 높지 않았던 서남아시아 지역에 '그라민'이라는 존경받는 브랜드와 파트너십을 맺고, 저렴한 가격과 영양 개선이라는 사회적 명분을 갖춘 프로젝트로 큰 저항 없이 성공적으로 진입하는 데 성공한 것이 두 번째라 할 수 있다.

실제로 이 사업으로 방글라데시 아동들의 영양 상태와 관련 지역 사회의 경제적 여건이 개선되었음은 물론, 다농이 2008년 경제위기 속에서도 성장과 상승세를 유지하며 지속적으로 글로벌 시장에서 입지를 넓히고 굳혀나간 하나의 동력이 되었다는 점에서 그라민 다농은 다국적 대기업의 합작을 통한 성공적인 공정가치 창출 사례로 평가받고 있다.

11

—

구성원들과
함께하는가

6시에 모두 퇴근하는 회사, 슬랙

최근 통계에 따르면 우리나라 직장인의 연간 노동시간은 2,163시간이다. 하루 평균 10시간 30분이다. 멕시코 다음으로 길고, 네덜란드보다 800시간 더 일한다. 노동생산성은 34개국 중 28위이고, 삶의 질은 135개국 중 78위다.

열심히 일하는데 능률은 오르지 않고, 성실히 사는데 삶은 힘들다. 많은 직장인들이 인생을 즐기지 못하면서 불필요한 야근과 휴일 근무에 지쳐가고 있다. 지친 머리에서 혁신과 창조가 나온다는 것은 불가능하다.

이 현상은 우리나라에만 적용되는 것은 아니다. 만국공통의 현상이다. 이런 현상을 기업문화의 혁신으로 해결하고자 하는 기업이 있다. 업무시간만큼은 직원들이 고도의 집중력을 발휘하고 칼퇴근할 수 있는 문화를 만들어 저녁시간은 가족과 사랑하는 사람들과 보낼 수 있도록 장려하는 회사, 기업용 메신저 서비스로 실리콘밸리를 흔든 곳, 슬랙이다.

슬랙은 이메일과 개인 메신저 장점을 결합한 사무용 메신저다. 전 세계 150개국에서 50만 개 이상의 기업이 사용하고 있으며, 하루 이용자만 1,000만 명에 이른다. 2009년 게임업체로 출발했으나 업무에 적합한 메신저를 개발하며 승승장구하고 있다.

《포춘》지 선정 글로벌 100대 기업 중에서도 65개 기업이 슬랙의 유료서비스를 이용하고 있다. 기업용 메신저는 지인들과 대화를 나누는 일반 메신저와 달리 일정, 메일 등이 통합되어 파일을 공유하며, 메신저에서 업무를 볼 수 있는 기능을 지원한다. 국내 대기업들을 비롯해 BBC, 스타벅스, 뉴욕타임스 등 많은 글로벌기업들이 언제 어디서나 업무를 볼 수 있는 시스템으로 슬랙을 채택하고 있다. 미국에서는 슬랙 때문에 업무용 이메일이 사라질 것이라는 전망까지 나오고 있다.

혁신의 아이콘으로 부상하는 슬랙의 기업문화를 보면 매우 흥미롭다. 다 같이 점심을 먹고 오후 6시가 되면 다 같이 칼퇴근한다. 이렇게 해서 성장이 가능할까 의문을 품으면서도 신기한 것은 창업 3년 만에 기업가치 38억 달러(약 4조 2,800억 원)로 성장했다는 점이다. 슬랙은 정해진 시간만 근무하고 칼퇴근하면서 3년 만에 회사를 이만큼 키워냈다.

슬랙의 사훈은 '열심히 일하고 가정으로 돌아가라(Work Hard and Go Home)'이다. 이 슬로건이 새겨진 포스터가 슬랙의 사무실 곳곳에 걸려 있고, 대개 6시 30분이 되면 사무실이 텅텅 빈다고 한다. 직원들 사이에 탁구를 치고 싶으면 회사가 아닌 다른 곳에서 하라는 공감대가 형성되어 있다. 이 메시지는 명확하다. 회사는 다 큰 성인들의 공간이고 많은 성인이 가정이 있다. 가정을 중시하는 것이다.

슬랙에서는 6시 이후에 퇴근하면 일 못하는 직원으로 여겨진다. 하루 근무시간은 보통 6~8시간으로, 늦어도 6시 30분에는 사무실에 그 누구도 있어서는 안 된다. 대신 일할 때는 고도의 집중력을 발휘해야 한다.

CEO 스튜어드 버터필드는 말한다.

"스타트업은 자본, 인력, 시설, 환경, 에너지 모두가 부족하고 열악하다. 없는 자원을 낭비하지 않고 최대한 효율적으로 이용하는 것이 중요하다. 사람이 최대로 집중해 일할 수 있는 것은 8시간이 전부다. 그 이상 회사에 머무르는 것은 오히려 에너지 낭비다."

메시지, 메일, 웹하드 등 회사 안에서 일어나는 모든 커뮤니케이션 기능을 합친 슬랙을 만든 것도 이런 철학이 깃들어져 있다. 슬랙을 만든 이유는 기업에서 일하는 사람들이 조금이라도 시간을 효율적으로 운용하도록 돕기 위해서다. 부족한 시간을 보고와 공유, 메일 확인에 낭비할 것이 아니라 한 곳에서 해결하면 불필요한 시간을 업무에 집중할 수 있다는 취지다.

슬랙은 직원들의 집중력을 고도로 높일 여러 방법을 모색했다. 첫 번째는 직원이 원하는 업무용 소프트웨어를 구매하도록 했다. 어도비, 포토샵 시리즈, MS오피스 등 기업에서 이용하는 업무 소프트웨어는 비싼 가격에 유료로 구입해야 하며, 어떤 직원은 자신에게 익숙한 프로그램이 있어도 회사에서 지정해 구매한 프로그램을 써야한다. 누군가에게는 분명 효율이 떨어지는 장면이다.

이에 슬랙은 업무소프트웨어를 직원들이 원하는 대로 맞춰주기 위해 직원이 원하는 업무용 소프트웨어를 모두 구매했다. 통일된 프로그램을 통한 통일된 형식보다 각자 일의 효율성을 극대화 할 수 있는 프로그램을 사용해 효율성을 높인다는 철학이다.

두 번째는 퇴근 후에는 절대 추가 업무를 지시하지 않는 것이다. 업무시간이 아니면 아이디어 공유도 정책적으로 금지시켰다. 이는 일과 휴식은 명확히 구분해야 한다는 것이다.

마지막 세 번째는 직원간의 활발한 소통을 위해 노력하는 것이다. 슬랙은 업무시간을 최대한 효율적으로 사용하기 위해 소통에 장애가 되는 것은 최대한 제거했다. 이 중 하나가 실리콘밸리에서는 찾기 어려운 문화인 '다 같이 점심 먹기'다.

평소에는 팀별로 구내식당에서 식사를 하고 매주 목요일에는 투표로 메뉴를 정해 푸드 트럭을 회사 안으로 불러와 모든 직원들과 함께 식사를 한다. 서로 대화를 나누며 의사소통을 하고 갈등을 해소한다. 그래서 슬랙은 회사 충성도가 가장 높은 회사 중 하나로 유명하다.

슬랙은 스타트업 기업으로서 새로운 문화혁신을 만들어가고 있다. 그 과정에서 효율을 극대화하고 인간 중심 사고로 서로를 존중하고 협업하는 문화가 자연스럽다. CEO 또한 문화 형성에 앞장서, 앞에서 언급한 모든 내용을 실천하고 있다. CEO 역시 오후 5시 30분~6시 사이 무조건 퇴근하고 있다. CEO에게도 가정이 있기 때문이다.

일과 개인의 생활을 동시에 실천할 수 있도록 돕는 슬랙은 직원들의 효율을 극대화시키고 가정을 소중히 여기는 혁신으로 직원들에게 만족과 사랑을 받고 있다.

우리에게는 아직 익숙하지 않은 문화일지 모른다. 하지만 슬랙의 사례에서 앞으로의 일 문화가 어떻게 변화될 수 있을지 궁금해진다. 지역사회에 혁신으로 많은 기업문화가 점점 더 건강해질 수 있는 날이 오길 기대해본다.

직원들의 건강까지 챙긴다, 클리프바 앤 컴퍼니

간단하면서 든든하게 먹고 싶은 아침, 현대인의 아침을 채워주는 에너지바 제품들이 시중에 많이 유통되고 있다. 수많은 에너지바 제품들 중 가장 유명한 제품은 미국 에너지바 1위로 유명한 클리프바다. 미국의 대표적인 에너지바 제조업체인 클리프바 앤 컴퍼니를 소개하고자 한다.

클리프바 앤 컴퍼니는 자전거 마니아였던 창업가가 자전거를 타며 간편하게 먹을 수 있는 식품을 만들면 좋겠다 싶어 시작했다. 1992년에 창업해 1년 만에 70만 달러(약 8억 5천만 원)의 매출을 올리고 매년 두 자릿수 성장을 했다. 매출이 4,000만 달러(446억 원)에 달하던 2000년 그는 다국적 식품기업 퀘이커오츠로부터 1억 2,000만 달러(약 1,333억 원)에 인수 제의를 받았다.

그 당시 창업자 개리 에릭슨은 다음과 같이 말했다.

"한 시간 후면 나와 파트너는 각각 6,000만 달러(약 724억 원)씩

손에 쥘 참이었다. 평생 먹고살 수 있는 돈이었다. 그런데 계약서에 사인하기 직전 온몸이 떨리고 숨을 쉴 수 없었다. 지금 일어나고 있는 모든 일에 압도당해 눈물이 쏟아졌다. 처음 겪어보는 불안발작이었다. 감정을 추스르려고 산책을 하는데, 이런 생각이 나를 강타했다. 아직 끝나지 않았어. 팔지 않으면 되잖아! 비로소 웃음이 터져나왔고 마음이 날아갈 듯 자유로워졌다. 전화를 해서 이렇게 말했다. 사람들을 돌려보내요. 나는 회사를 팔지 않을 테니까."

창업자가 막판에 손바닥 뒤집듯 결정을 바꾸자 회사는 혼란에 빠졌다. 다른 경쟁사들은 진즉에 다국적기업들에 팔린 상태였다. 사람들은 자기 무덤을 파는 것이라고 경고했다.

절반의 지분을 갖고 있었던 파트너는 회사를 팔기를 원했고 결국 개리 에릭슨은 6,000만 달러를 대출해서 그의 지분을 사들였다. 이때 생긴 빚을 갚는 데 무려 10년이 걸렸다. 인수를 무산시킨 그해 이 창업자는 이렇게 선언했다.

"지금부터 지역사회와 자선재단, 환경재단에 매출의 1퍼센트를 기부하겠다."

그는 발작을 겪으며 자신이 이 회사로 무엇을 하려 했는지 비로소 깨달았다고 한다. 작은 발자국이라도 사회에 긍정적인 영향을 남기고 싶다는 것이었다.

현재 이 회사 매출은 연 10억 달러(약 1조 원)로 추정된다. 기업 가치도 2000년 인수 제안을 받았을 때와 비교해 10배 가까이 뛰었다. 더 놀라운 것은 직원 만족도의 변화였다. 미국 회사에서는 매년 평균 15퍼센트의 직원이 이직하지만 이 회사는 3퍼센트에 불과했다. 미국 근로자들 70퍼센트가 '업무에 몰입하고 있지 않다'고 답하지만 이 회사는 90퍼센트가 '회사와 나를 동일시하며 우리의 브랜드 가치를 지지한다'고 답한다. 2000년 이후 그가 회사를 어떻게 바꾸었는지 보면 이런 통계에 수긍할 수 있다.

과거 사업파트너는 돈이 많이 든다며 유기농을 반대했다. 파트너가 떠난 이후 창업자는 가능한 모든 재료를 유기농으로 전환했다. 현재 이 회사 제품의 성분 가운데 70퍼센트 이상이 유기농 재료다. 목표는 100퍼센트다. 유기농 포도농장을 운영하고 유기농법을 연구하는 대학 다섯 곳에 1,000만 달러를 지원하고 있다.

이 회사는 매일 근무시간의 30분씩 운동을 해야 한다. 회사에 요가, 킥복싱, 암벽등반 등 다섯 가지 운동을 할 수 있는 체육관도 지었다. 일주일에 두 시간씩 회사 트레이너로부터 개인교습을 받고, 매주 금요일 오전 9~11시는 전 직원이 밖에서 자전거를 탄다. 개인의 성장을 회사가 적극 장려하고 있는 것이다.

또한 환경보호를 장려하기 위해 한 달에 최소 두 번 자전거로 출퇴근하면 1년에 최대 500달러(약 60만 원)를 지급한다. 대중교통을 이용하거나 카풀을 하면 1년에 최대 960달러(약 120만 원)를 지급하며, 전기차, 하이브리드, 바이오디젤 차량을 연 6개월 이상 타면 보조비로 최대 6,500달러(약 790만 원)를 지급하는 정책을 진행 중이다.

2017년 5월에는 체육관에 전력을 생산할 수 있는 자가발전 자전거 12대도 비치했다. 직원들이 매일 돌아가며 자전거를 타고 생산된 전력은 회사에서 사용된다.

회사 홈페이지에 적혀 있는 내용을 보자.

"12명이 동시에 한 시간 내내 페달을 밟아도 고작 커피머신을 가동할 전력 정도를 만들어낸다. 하지만 이 경험은 12명이 아니라 수백만 명의 라이프스타일을 바꿔놓을 수 있지 않을까."

클리프바 앤 컴퍼니가 얼마나 직원들의 성장에 관심을 기울이는지 알 수 있다.

카페테리아에서는 유기농 아침식사와 간식을 제공하고, 직원의 자녀들을 위한 회사 어린이집이 운영된다. 아이들을 위해 고안된 체육수업도 열린다. 회사는 직원들의 노후도 챙기고 있는데, 회사 지분의 20퍼센트는 직원들 몫이다. 근속연수가 늘어날 때마다 직원들에게 주식을 나누어주고 그들이 은퇴할 때 회사가 되사준다. 7년 근속한 직원들에게는 6주간 유급 안식년도 주어진다. 봉사가 삶의 일부가 되도록 독려하고 직원들이 근무시간 중 봉사활동을 다녀오도록 배려한다.

1년에 20시간 봉사활동을 하는 것이 원칙이다. 한 직원은 2016년부터 매주 화요일 회사 정문 앞에서 노인들에게 음식을 나누어주고, 한 임원은 회사 골프대회를 열어 7년 동안 50만 달러를 모금해 기부했다.

2001년부터 시작된 봉사활동은 2017년 말 총 10만 시간을 돌파했다. 직원들이 퇴직 후에도 봉사활동을 하며 제2의 삶을 살 수 있도록 배려한다. 1년에 세 명씩 은퇴를 앞둔 57세 이상 직원은 지역비영리단체에 출근해 인턴교육을 받으며 일을 배운다. 9~18개월

인턴기간 동안 회사는 6만 5,000달러(약 7,800만 원)의 연봉을 지급한다. 은퇴한 뒤 그 단체에 정착해 일을 할 수 있도록 준비하는 과정이다.

클리프바 앤 컴퍼니는 환경을 보존하고 구성원들의 성장을 적극 장려하고 있다. 끊임없는 관심과 지원이 클리프바의 성장의 원동력이다. 작은 변화와 작은 신념에서부터 시작된 것이 이제 우리에게 큰 울림을 주고 있다. 스몰 자이언츠가 온다고 한다. 작지만 거대한 시작이 오늘 우리로부터 비롯될 수 있다.

직원을 행복하게 하라, 컨테이너 스토어

직원들의 밝은 에너지 덕분에 즐겁게 쇼핑할 수 있는 회사가 있다. 직원이 행복해야 고객을 행복하게 해줄 수 있다는 철학으로 직원들의 행복을 위해 끊임없는 노력하는 수납용품 회사 컨테이너 스토어가 그곳이다.

컨테이너 스토어는 주거 공간과 수납 시간을 절약할 수 있는 다기능성 수납용품을 제작하는 회사로 1978년에도 설립되었다. 미국 최고의 고객서비스 만족 기업 중 하나로 꼽히고 있으며, 해마다 성장률 20~25퍼센트를 보이고 있는 초고속 성장 기업 중 하나이기도 하다.

이 회사는 GE나 마이크로소프트 같은 미국의 간판 기업들을 제치고 누구나 일하고 싶어 하는 기업으로 늘 상위권에 오른다. 그 비결이 무엇일까? 회사의 홍보담당자인 코프랜드는 그 비결을 '경영층과 직원들 간의 신뢰, 직원들 사이의 신뢰, 고객과 직원들 간의 신뢰 때문'이라는 말로 압축한다.

컨테이너 스토어는 1977년 댈러스의 작은 수납용기 전문 판매점에서 출발했다. 어릴 때부터 주변 정리에 관심이 많았던 창업자 틴델이 친구 두 명과 함께 3만 5,000달러(약 4,100만 원)의 창업자금을 모은 것이 시작이었다. 창업 전 텍사스대학교에 진학했던 틴델은 친구들과 어울리느라 6년간 대학을 다니고도 졸업하지 못하자 그의 부모가 학비 지원을 끊은 것이 창업 동기가 되었다.

수납용품만 모아 판매하는 특이한 콘셉트로 창업 초기부터 인기를 끈 컨테이너 스토어는 차근차근 매장을 확대해 나갔다. 그러던 중 2007년 글로벌 금융위기가 불어 닥치면서 미국 내수시장 위축과 함께 컨테이너 스토어의 매출도 곤두박질쳤다. 2008년에는 13퍼센트가 감소했고, 2009년에는 14퍼센트 뒷걸음질쳤다.

대부분의 소매업체는 대규모 구조조정에 나서며 손실을 만회했다. 하지만 컨테이너 스토어는 직원들과 고통 분담을 선택했다. 임금을 동결하고 퇴직연금 납입을 유예해 비용을 절감하는 대신 직원은 한 명도 자르지 않았다.

동료들과 계속 일할 수 있자 직원들은 회사의 결정에 환호했고, 이들의 높은 충성도는 2010년 이후 미국 경제가 회복세에 들어섰을 때 컨테이너 스토어가 다른 소매 유통사보다 빨리 실적이 오르는 결과로 이어졌다.

컨테이너 스토어에서 성장세보다 더 눈길을 끄는 것은 종업원과 회사의 관계다. 컨테이너 스토어는 2000년 이후 15년 연속 《포춘》지가 선정한 '미국에서 가장 일하기 좋은 직장 100곳'에 선정되었다. 종업원의 1년 내 이직률은 10퍼센트 선에 불과하다. 이 수치가 70퍼센트에 달하는 것으로 추정되는 월마트 등 다른 소매업체들과 대비된다.

컨테이너 스토어는 창업 초기부터 높은 임금을 주고 재무정보를 직원들과 공유하는 문화를 확립해왔다. 신규인력 채용도 직원의 가족과 친구 등 직원이 추천한 사람을 우대한다. 틴델 CEO는 "나는 나 자신과 내 주위 사람들을 위해 돈 버는 걸 즐긴다."며, "물론 이 같은 방식이 돈을 버는 유일한 방법은 아니지만 가장 좋은 방법이라고 생각한다."고 말했다.

회사는 직원들과 유대감을 형성하기 위해 신입직원에게 연간 263시간에 걸쳐 고객 응대 요령부터 회사 경영철학까지 교육한다. 이 중 특히 강조하는 것은 조직원 간 유대다. "위대한 한 사람이 좋은 세 사람만큼 중요하다"는 원칙으로 주변 동료에게 존경받는 사람이 되도록 노력하라는 것이 핵심이다. 틴델 CEO는 "회사 동료를 인간적으로 좋아하고 존경하는 것은 직원이 직장생활을 즐기는 데 필수적인 요소"라고 배경을 설명했다.

컨테이너 스토어의 중요한 원칙은 '한 사람의 훌륭한 일꾼이 세 사람 몫을 한다(One great person Rule)'는 것이다. 대부분의 직원들은 컨테이너 스토어에서 쇼핑하다가 회사 분위기에 매료되어 입사한 컨테이너 스토어의 열성팬들이었다. 이 열성팬들이 회사에 지원서를 내면 함께 일할 동료 직원들이 지원자를 심사한다. 매니저나 사장은 직원들이 평가한 내용을 존중해 입사자를 최종 결정한다.

이곳에서는 파트타임 직원을 '프라임 타이머'라고 부르는데, 중요한 시간대에 일손을 빌려 쓰는 사람이라는 뜻이다. 단어 자체에 파트타임 직원을 존중하는 생각이 담겨 있다. 컨테이너 스토어에서 프라임 타이머로 일한 경험이 있는 사람들 중 약 50퍼센트가 신입사원으로 입사해 정착하는 까닭을 알 수 있다. 회사 안내를 담당하던 프라임 타이머가 부사장까지 오른 사례는 이 회사의 원칙과 문화를 알 수 있는 대목이다.

또한 즐겁고 행복한 일터 만들기 운동으로 직장생활에서 동료들 간의 유대관계를 증진시키기 위해 회사 차원에서 많은 노력을 기울이고 있다. 컨테이너 스토어 직원들은 휴가지에서도 동료들이 그리워 빨리 출근하고 싶어 안달한다는 등의 특이한 기업문화도 많은 매체에 소개된다. 널리 알려진 초우량기업이 아니더라도 즐겁고 행복한 일터 만들기 운동으로 경영 성과도 내고 훌륭한 일터도 만들 수 있음을 보여준다.

유명한 일화가 있다. 하루는 목발을 짚은 고객이 컨테이너 스토어 매장에 들어섰다. 그녀는 자신이 찾는 물건이 어디에 있는지 점원에게 물었다. 대부분의 다른 매장에서 듣는 "저기 있어요."라는 대답 대신 그 점원은 직접 물건을 가지고 와 다리가 불편한 손님에게 보여주었다. 그뿐이 아니었다. 그 점원이 물건을 가지러 간 사이, 다른 두 명의 점원이 다가와 그전의 직원과 똑같이 고객이 찾는 물건을 묻고는 그 자리로 가져오겠다고 한 것이다. 이 고객은 감동을 받을 수밖에 없었다.

이 일화에는 컨테이너 스토어의 기본 생각이 담겨 있다. "세상을 통제할 수는 없지만 옷장은 통제할 수 있다"는 것이 컨테이너 스토어의 기본 생각으로, 단순히 수납용품만 판매하기보다는 상담으로 고객의 수납공간 문제에 대한 해결책을 제시하고자 한다. 고객이 필요로 하는 것을 도와주기 위해 컨테이너 스토어 직원들은 열심히 노력한다.

어떤 매장이 열정적인 분위기를 가지고 있는지 그렇지 않은지는 매장에 몇 발만 들어서면 알 수 있다. 직원들의 미소, 고객들을 돕고자 하는 진정한 의지, 우수하고 혁신적이면서 흥미로운 제품들, 깨끗하고 잘 정리된 진열대, 그리고 편안한 음악 등에서 고객은 그 매장의 열정적인 분위기를 알 수 있다. 컨테이너 스토어는 직원, 제품, 매장의 열정적인 분위기로 이런 특별한 경험을 고객에게 제공하고자 노력한다.

컨테이너 스토어가 사랑받는 기업으로 인정받고, 일하기 좋은 기업에 계속 선정되는 것은 결코 우연이 아니다. 컨테이너 스토어는 최고의 유통업체, 그중에서도 수납과 관련된 최고의 제품과 솔루션을 제공함으로써 고객의 즐거움과 가치를 추구하는 뚜렷한 존재 목적이 있다.

또한 모든 이해관계자들 특히 직원들에게 경쟁사와 비교해도 상상할 수 없는 수준의 보상과 교육을 제공해 이들의 헌신과 즐거움을 유도한다. 이는 그대로 고객의 만족도 상승에 기여하고 매출 증대까지 이어져 공급사와 투자자 모두가 윈윈하는 것이다. 깨어 있는 자본주의의 실현이라고 할 수 있겠다.

컨테이너 스토어의 직원이 행복해야 고객에게 행복한 서비스를 제공할 수 있다는 원칙은 컨테이너 스토어를 찾는 수많은 고객들을 감동시키고 있다. 누군가는 이렇게 생각할 수도 있다. 단지 한 기업 내부에서 일어나는 작은 원칙 아닌가라고. 하지만 컨테이너 스토어의 직원사랑 사례에서 고객들이 행복을 느끼는 모습을 확인할 수 있다.

기업의 존재 목적은 고객가치 창출이다. 고객이 행복하다면 무엇이 더 필요한가? 무엇을 더 바라겠는가?

자연에서 건강과 정서를 찾는다, REI

미국에서 가장 큰 규모의 쇼핑이 행해지는 날이 있다. 11월의 넷째 주 목요일인 추수감사절 다음날 '블랙프라이데이'다. 블랙프라이데이에는 1년 매출의 70퍼센트가 이날 이루어진다고 한다. 'black'이라는 표현은 이날이 연중 처음으로 흑자를 기록하는 날이라는 데에서 유래했다.

수많은 기업들은 이 하루를 위해 수많은 전략과 마케팅을 이용한다. 하지만 조금 다른 행보를 보이는 기업이 있다. 모두가 매출을 올리기 위해 혈연이 되어 있는 이날 오히려 문을 닫고 직원들에게 쉼을 주는 회사가 있다. REI가 그곳이다.

미국 서부 도시 시애틀에 본부를 두고 미국 전역에서 현재 활발하게 사업을 펼치는 REI는 아웃도어 장비 소매 협동조합이다. 이곳은 1938년 산악인들이 설립해 현재 80년 이상의 역사를 가진 미국 최대의 소매협동조합이기도 하다.

REI는 총 154개의 매장이 미국 전역 35개 주와 컬럼비아 특별구 (DC)에 걸쳐 운영되고 있다

REI는 1938년 아웃도어 활동에 열정적인 23명의 등산가 친구들과 동료들이 좋은 품질을 유지하면서 저렴한 장비를 공급하기 위해 설립했다. 그 당시에는 품질 좋은 등산용 쇠못인 피켈이 20달러 정도의 가격으로 판매되고 있었는데 물가를 생각하면 매우 비싼 고가의 상품이었다. 이에 불만을 가진 로이드는 동료인 메리의 독일어 실력을 활용해 오스트리아에서 고품질 피켈을 직접 주문하기 시작했다.

직접 구매한 결과, 가격은 배송비를 포함해 3.5달러밖에 되지 않는 비용으로 품질 좋은 피켈을 구입할 수 있었다. 이에 등산가들인 그들의 친구들과 동료들은 이 아이디어에 동참해 1달러씩 출자했고, REI 협동조합을 만들기로 결심했다.

설립 후 로이드&메리 앤더슨 창립자들이 제공한 30달러의 무이자 대출로 REI는 협동조합 식료품점에서 등산 장비를 판매하기 시작했다. 당시 큰 자본을 가지고 있지 않았던 REI는 메리와 로이드의 다락방을 창고로 이용했고, 조합원이 늘자 지금의 협동조합의 형태로 확장해나갔다. 현재 REI는 1,800만 명의 조합원이 상품을 구매하고 이용하고 있으며, 1만 3,000명의 직원이 근무하고 있다.

REI는 협동조합으로서 사회적 공헌을 매우 강조한다. 매년 연간 수익의 70퍼센트 이상을 REI 조합원의 배당금, 직원 이익 공유, 아웃도어 관련 비영리단체에 투자하고 있다.

REI 협동조합의 흥미로운 점은 10개의 지역뉴스 조직에 투자하

고 있다는 것이다. 지역 환경 및 아웃도어에 관한 보도를 지원하기 위해서다. 이들에 따르면 주요 방송 네트워크에서 기후 변화에 관한 뉴스가 2017년에서 2018년까지 약 45퍼센트 감소한 것으로 조사 결과가 발표되었다고 한다. 또한 2004년 이후 미국에서 약 1,800개의 지역신문이 문을 닫았다. 지역의 상황을 보도하고 긴밀하게 지켜보는 지역신문이 없어질 때 기업은 환경을 더 오염시키는 경향이 있다는 생각으로 투자하고 있다.

REI의 경우에는 직원들의 참여 수준이 일반적으로 85퍼센트를 초과하는 반면 협동조합의 비전을 믿는 직원은 93퍼센트에 달했다. 급여와 수당 수준이 업계를 주도하고 있으며, 이직률 또한 업계 기준의 반밖에 되지 않는다. 많은 직원들이 '야외에서 살아가는 것이 잘사는 삶'이라는 REI의 기업가치에 동참하고 있다.

직원들은 좋아하는 활동에 참여하거나 새로운 것을 배우는 등의 야외활동을 위해 두 번의 유급휴가를 받을 수 있으며, 모든 상점들이 문을 여는 블랙프라이데이에는 매장 문을 닫아 직원들이 가족이나 친구들과 시간을 보낼 수 있도록 하는 것으로 유명하다.

이와 더불어 REI는 지구를 더욱 소중히 관리하고 보호하기 위한 네트워크에 합류해, 조합원들에게 #MyRiverStory 해시태그를 사용해 자신들의 주변에 있는 환경, 강, 개울 등 다양한 자연 소재를 이야기하고 공유하기를 촉구했고, 새로운 5,000마일의 강을 보호할 것을 요구하는 정부 청원서에 함께 참여하도록 홍보를 전개했다. 또한 이 캠페인을 지원할 목적으로 REI에서 지정한 상품을 구매하면 상품가격의 5퍼센트가 캠페인의 기금으로 적립되는 기획도 전개했다.

REI의 환경보호 및 직원을 생각하는 마음은 많은 활동과 사례로 남아있다. REI가 지난 80년 동안 지켜왔던 간단하지만 중요한 사업과 활동의 기본적인 이념은 자연과 아웃도어가 모두를 위한 것이며, 모든 사람은 실외와 자연에서 건강과 정서적 혜택을 누리고 시간을 즐길 수 있는 권리가 있다고 믿는 것이다.

노력의 일환으로 2018년 전국의 350,000명이 일일 프로그램으로 아웃도어 활동을 즐길 수 있도록 지원했고, 전문적인 조언 없이도 제공되는 온라인 라이브러리로 정보를 자유롭게 습득해 새로운 기술을 배우고 장비를 선택하며 여행을 준비할 수 있도록 도왔다. 또한 무료 웹 및 트레일 맵 애플리케이션을 개발해 배포했으며, 환경보전과 저렴한 가격을 위해 신제품만을 판매하는 것이 아니라 중고장비를 판매하거나 115개 매장에 스키, 캠핑, 스노보드 등의 장비를 대여하는 서비스도 진행하고 있다. 뿐만 아니라 REI재단과 협력해 다양한 지역사회와도 협력하고 청소년들이 야외활동을 즐길 수 있는 프로그램 등도 개발했다.

이처럼 다양한 방면에서 협동조합의 커뮤니티를 실천하고 있다. 이를 통해 REI는 실외와 자연에서 건강과 정서적 혜택을 누리고 시간을 즐길 권리를 사람들에게 알리고 있다.

말뿐인 외침이 아닌 기업이 직접 다양한 활동으로 보여줌으로써 신뢰가 생기고 변화가 생긴다. 지역사회의 변화를 만들어가는 REI를 응원한다.

고객보다 직원이 먼저, 웨그먼스 푸드마켓

고객보다 직원을 우선시하는 기업문화가 기업의 핵심경쟁력이 된 사례가 있다.

미국 뉴욕 주 로체스터에 본사를 두고 미 동부에 93개 지점을 둔 식료품 체인점 웨그먼스 푸드마켓은 '직원 우선'의 기업문화를 자랑한다.

2017《포춘》지가 선정한 미국에서 가장 일하기 좋은 기업 중 구글 다음으로 2위를 차지한 대표적인 사람 중심 기업이 식료품 체인점 웨그먼스이다.

웨그먼스라는 마트를 들어보았는가? 웨그먼스는 내외부 고객에게 극찬 받고 있는 기업문화를 가지고 있다. 특히 직원을 관리해야 하는 대상으로 보는 것이 아닌 기업과 함께 성장하는 대상으로 보는 기업문화가 단연 돋보인다.

미국처럼 넓은 나라에서 매장 수라고 해봐야 93개다. 28개국 1만

1천 개의 매장이 있는 월마트에 비하면 초라한 개수다. 그럼에도 연 매출은 2016년 기준 80억 달러(약 9조 원)로 업계 평균 매출보다 훨씬 높다. 여기서 더 놀라운 것은 4만 명 직원들 가운데 회사에 만족한다는 직원들의 비율이 무려 98퍼센트라는 사실이다. 더욱이 이직률은 6퍼센트에 불과하다. 이직률이 낮다는 것은 직원에게도 좋은 일이지만, 기업 입장에서는 이직에 수반되는 어마어마한 비용을 절약할 수 있다. 웨그먼스는 직원의 만족도만 높은 기업이 아니다. 종업원뿐만 아니라 미국인들이 가장 좋아하는 마트라는 사실이다.

임금이 낮기로 유명한 월마트보다 생산성이 높고, 직원과 소비자들 모두 최고라고 생각하는 이 마트의 비결은 무엇일까? 이 마트 본사에 걸려 있는 문구 때문이다.

'Employees First, Customers Second.'

'고객이 왕, 고객이 먼저'라는 말이 더 익숙한 우리에게 '직원이 먼저, 고객은 그 다음'은 파격적인 문구가 아닐 수 없다. 하지만 내부 고객의 행복이 외부 고객의 만족으로 이어진다는 사실은 이미 많은 연구로 밝혀진 사실이다.

결과적으로 이 같은 철학에 공감한 직원들이 더욱 몰입해 최고로 친절한 기업을 만들었다. 직원들의 헌신이 끊임없이 고객을 위한 아이디어를 만들어 혁신 성장에 기여하고 있다. 웨그먼스는 내부 고객 만족으로 생산성이 높아지고 외부 고객의 만족도까지 올라가는 대표적인 기업이다.

이러한 기업 철학으로 웨그먼스는 업계 최고 수준의 월급을 주고 있다. 미국 마트 업계 평균보다 25퍼센트가 높다. 또한 1916년 창업

이래 단 한 명의 해고도 없다는 경이로운 기록을 가지고 있다. 부득이하게 직원이 나가야 할 경우는 회사가 반드시 새 일자리까지 찾아준다고 한다. 대학교 진학도 독려하며 지원금을 지급해 왔는데, 대학교를 졸업하고 회사로 돌아와야 한다는 조건도 없다. 1984년부터 지금까지 직원 3만 3천 명을 대학교에 보내기 위해 쓴 돈이 1억 500만 달러(1,200억 원)라고 한다.

웨그먼스는 가족과 같은 유대감도 중요시한다. 직원들끼리 기념할 일이 있으면 작은 파티를 자주 열도록 한다. 누가 생일이거나 입양했으면 축하하러 모인 직원들에게 1인당 5달러 쿠폰을 준다. 2016년 발행한 쿠폰만 5만여 개다. 이외에도 교육프로그램을 지원해 직원들의 전문성을 꾀한다. 직원들에게 "일하라"보다 "공부하라"고 강조하는 회사다. 연간 직원들의 자기계발 지원비로만 5천만 달러(560억 원)를 투자한다. 이때 주목해야 할 점은, 그 직원들에게 필요한 지원을 한다는 것이다. 치즈 담당은 스위스 낙농업에 견학을 시키고, 와인 담당은 프랑스로 보내 와인을 배우게 하는 것처럼 말이다. 웨그먼스는 가족 같은 유대감뿐만 아니라 직원들의 자기계발에도 힘쓰고 있다. 웨그먼스의 정책 중 가장 눈여겨볼 만한 것은 웨그먼스가 직원들에게 고객 만족을 위해 매뉴얼에 얽매이지 말라고 주문한 것이다. 직원에게 고객서비스 권한을 충분히 부여해 매뉴얼에 연연해하지 말고 창의적으로 일하게 하는 것이다. 어떤 제빵사는 CEO인 대니 웨그먼에게 집안 대대로 내려오는 레시피라며 초콜릿 미트볼 쿠키를 자랑했는데, 웨그먼은 제품을 팔아볼 것을 제안해 이 매장의 인기상품이 되었다. 이런 문화가 직원들의 자부심과 창조성을 높여 예상하지 못한 멋진 일들을 이루어내고 있다.

객관적인 지표뿐만 아니라 고객이 직접 밝힌 일화 역시 유명하다. 칠면조를 굽기에는 집에 있는 오븐이 작다는 고객에게 마트에 있는 오븐으로 직접 요리를 해주었다거나, 치즈와 와인 담당 매장 직원은 고객 취향에 맞는 제품을 상세히 조언해주며 갑작스럽게 비가 내렸을 때 고객에게 우산을 씌워주는 등의 일화는 '직원 우선' 철학이 고객 감동으로 이어지는 것을 보여준다.

'손님이 왕이다'라는 문구가 변질되어 도 넘은 '갑질'이 생겨나는 현실에서 직원의 만족도가 친절도 상승, 기업의 생산성 증가에 도움이 된다는 '웨그먼스 효과'가 주목을 받는다. 중요한 것은 이런 멋진 기업문화는 기업의 노력과 직원의 노력이 함께 할 때 완성된다는 것이다.

이제 웨그먼스는 더 이상 식료품을 파는 것이 아니라 고객에게 솔루션과 서비스를 파는 기업이 되었다. 웨그먼스의 직원 중심의 원칙으로 지역사회의 고객들에게 질 높은 서비스를 제공하고 있으며 무엇보다 고객만족을 이끌어내고 있다.

12

———

파트너와
공존하라

공급사슬 관리의 모델, 리앤펑

최근 수년간 기업은 사회, 환경, 경제적 문제의 원흉으로 지목되었고, 기업이 공동체의 이익을 담보로 부를 축적하고 있다는 인식이 높아졌다. 여기에 더해 기업이 사회적 책무를 이행하려면 할수록 모든 사회 문제의 책임을 기업에 돌리는 경향도 강해졌다. 기업은 역사상 유례가 없을 정도로 정당성을 잃고 있다.

기업은 기업활동과 사회를 규합하는 데 앞장서야만 한다. 선도 기업과 사상가들은 이런 인식을 받아들이면서 긍정적인 변화를 만들어내는 새로운 모델을 개발하고 있다.

이를 위해 우선 '공유가치'의 원칙을 세워야 한다. 이는 사회의 요구를 들어주고 문제를 해결해서 경제적 가치와 사회적 가치를 동시에 창출한다는 원칙이다. 기업은 사업 성공과 사회 발전을 연계시켜야 한다. 공유가치가 실현되었을 때 기업은 지역사회에서 위대한 기업을 넘어 사랑받는 기업으로 성장할 수 있다.

공유가치를 창출하는 기업으로 주목받는 한 곳을 소개하고자 한다. 세계 최대 의류, 장난감, 아웃소싱 업체 리앤펑이다.

홍콩을 대표하는 기업 중 리앤펑이 있다. 회사의 대표인 빅터 펑은 1906년 중국 자본으로 회사를 설립했다. 처음에는 제조업자와 상인 간 거래를 중개하는 브로커로 활동하던 기업이었으나 현재는 장난감, 의류와 관련된 품목에서 단순한 제품 소싱부터 제품 디자인 개발, 원재료 및 공장 소싱, 상품계획 및 관리, 품질 확보 및 수출 서류 관리, 선적관리까지 총체적인 공급체인을 관리하고 있다. 또한 이에 그치지 않고 제품 영역도 건강, 미용, 화장품에 이르기까지 점차 확장하고 있는 중이다.

2019년 매출은 한화로 14조 원이 조금 넘는다. 대한민국 굴지의 기업 삼성과 비교해보면 10분의 1밖에 되지 않는 매출임에도 2008년 《비즈니스위크》가 이 회사를 세계에서 가장 영향력 있는 회사 29개 중 하나로 선정했다. 미국 《포브스》는 아시아에서 가장 놀랄 만한 50개의 기업 중 하나로 꼽았다.

세계가 주목하고 있는 홍콩의 리앤펑은 무엇이 다른가?

예를 들어보자. 미국의 한 의류회사가 이 회사에 남자 반바지 30만 벌을 주문했다고 하자. 그러면 이 회사는 단추는 중국, 지퍼는 일본, 실은 파키스탄에 주문한다. 파키스탄에서 받은 실은 중국에 보내 직물로 짜서 염색하게 한다. 이 모든 것을 꿰매는 일은 방글라데시의 공장에 맡긴다. 고객이 빠른 배달을 원하기 때문에 세 개의 공장에서 나누어 작업한다.

이러한 방식으로 전 세계 40개국에 퍼져 있는 3만 개의 공급업자(공장)와 200만 명 이상의 공급업체 직원들을 움직인다. 이 회사가 직접 월급을 주는 종업원은 그중 1피센트도 안 된다.

경영계에서는 이러한 비즈니스모델을 '공급사슬 관리(SCM) 서비스'라고 표현한다. 이러한 비즈니스모델을 실천하고 있는 회사가 리앤펑이다.

경영계에서는 이 회사가 하는 일을 공급사슬 관리 서비스로 제조원가가 싼 공장을 찾고 고객이 원하는 서비스와 연결시켜주는 것이라고 한다. 디자인, 원자재 조달, 제조관리, 운송, 통관에 이르기까지 고객사가 원하는 모든 일을 대행한다. 리앤펑이 주목받고 있는 이유는 그들이 단 하나의 공장도 소유하지 않으면서도 공급사슬 관리로 막대한 부가가치를 창출하고 있기 때문이다.

그들의 공급사슬 관리가 얼마나 대단한지는 간단한 비교로 알 수 있다. 첨단 정보기술(IT)을 활용해 의류제품을 주문에서부터 선적까지 걸리는 시간이 고작 보름 남짓밖에 안 되는데, 패스트패션으로 알려진 스페인 업체 자라와 견주어 보았을 때 공급망 회전속도가 두 배에 달한다.

이러한 혁신적인 공급사슬 관리는 글로벌 유통업체들이 잇따라 리앤펑에 러브콜을 보내게 했고, 월마트를 비롯해 전 세계 40개국 1,000여 개 업체가 리앤펑과 함께 하고 있다

리앤펑이 이와 같은 성공을 거둘 수 있었던 것은 특별한 그들만의 공급사슬 관리 방식이었다. 최고경영자인 펑 회장의 '네트워크 편성'이 그것인데, 이 경영관을 바탕으로 국경이 무의미한 현재의 평평한

세상에서 차세대 사업모델로 매출을 올리고 있다.

평평한 세상은 네트워크를 구축해 기업을 관리할 기회를 만들어주고 이에 따라 점차 보다 유연하고 고객중심적인 시스템 구축의 필요가 있는 상황에서 리앤펑은 네트워크로 기업 가치와 지적재산권을 활용하는 것은 물론 통합과 국경의 가교 역할을 해 가치를 만들어낸다.

리앤펑만의 공급사슬 관리방식도 조금 다르다. 이는 '느슨한 연계(loose coupling)'다. 이는 30/70법칙이라고도 불리는 리앤펑만의 독특한 공급사슬 관리 방식이다.

리앤펑은 어느 공급업체와도 파트너십을 맺을 때 독점적으로 일하기를 원하지 않는다고 한다. 이 원칙은 네트워크에 참여할 공급업체가 신뢰를 잃지 않으면서 그들에게 여유를 제공해 리앤펑과의 계약 외에 다른 일을 수행할 수 있는 기회를 제공한다. 리앤펑은 공급업체가 자신들 외의 다른 업체와도 일해야 새로운 아이디어가 생기고 새로운 것을 배울 수 있다고 생각한다.

그들은 공급사슬이 늘 배우고 늘 변화하면서 살아 숨을 쉬는 것이 가장 이상적인 것이라고 믿는다. 그래서 느슨한 연계 법칙을 충실히 적용하고 있으며, 오히려 이러한 느슨한 연계가 유연성을 보장하면서 역설적으로 안정적이고 장기적인 파트너십을 이룰 수 있다고 생각한다.

리앤펑은 오케스트라의 지휘자처럼 모든 흐름이 막힘없이 흘러갈 수 있도록 공급사슬망을 지휘하는 것이다. 리앤펑의 모습에서 우리가 해야 할 것은 무엇이며, 이에 대한 해답은 어디에 있는지를 고민해본다. 우리가 리앤펑이 될 수는 없지만, 리앤펑이 파트너와의 공존가치를 추구하는 모습에서 우리가 앞으로 어떤 방향으로 걸어가야 하는지 엿볼 수 있다.

리앤펑은 공적 가치를 기본으로 한 공급사슬, 더 나아가 느슨한 연계로 평균 3만 개의 공장에 활기를 불어넣었다. 독점과 이익을 중시하는 비즈니스 세계에서 자신만의 이익이 아닌 함께 상생하는 마음이 리앤펑의 성공을 이루어냈다고 생각한다.

나눔과 공존의 가치, 즉 공적인 가치를 착실히 수행해온 리앤펑은 아무도 생각하지 못한 새로운 공급사슬 관리 모델로 지역사회에 활기를 불어넣었다. 공적 가치를 추구한 지휘자가 어려움을 극복하고 어떤 새로운 협주곡을 물류업계에 울려 퍼지게 할지 궁금해진다.

나눔의 가치와 공존, COTTON USA

지난 천 년 동안 세계 제조업의 가장 중요한 자리를 차지했던 산업은 면산업이다. 그리고 그 면산업을 가장 선진적으로 이끌었던 곳은 다름 아닌 아시아였다.

하지만 20세기 들어 갑자기 상황이 바뀌었다. 유럽의 자본가들과 여러 국가는 놀라울 정도로 재빠르게 면산업의 중심으로 파고들었고, 단 한 세기 만에 천 년 동안 존재해온 여러 면화의 세계가 붕괴되었으며, 유럽을 중심으로 한 면화의 제국이 세워졌다. 어떻게 이런 일이 가능했을까? 이는 유럽인들이 면화 무역의 글로벌 네크워크를 재편하고 지배하는 새로운 방식 덕분이었다. 면화는 자본주의의 중심에 있었다.

시간이 흘러 현재 가장 많은 양의 면화를 수출하는 나라 중 한 곳은 미국이 되었고, 가장 많은 원면을 소비하는 나라는 중국이 되었다.

자본주의가 제조업 기반에서 IT 산업군으로 점점 움직임에도 면화사업으로 고객에게 사랑받는 기업이 있다. 면화로 파트너와 공존함으로써 사회적 가치를 실현하는 기업이다. 이곳이 미국의 면화로 유명한 COTTON USA다.

COTTON USA는 수출 판촉 기구인 미국면화협회(CCI)에 의해 판매를 촉진하고 있다. 미국면화협회는 COTTON USA 마크와 함께 전 세계에 미국산 원면과 면제품을 홍보하기 위해 만들어진 비영리 수출증진 조직이다. 전 세계에 20개 지사를 두고 50개국 이상에서 COTTON USA 마케팅을 영위하고 있다.

CCI는 방적 공장, 섬유 및 의류 제조업체, 브랜드, 소매업체, 섬유 협회, 정부 및 미국 농무성(USDA)과의 협력으로 미국 코튼의 사용을 촉진하며, COTTON USA는 전 세계 20곳에 지사를 두고 50여 개 국가에서 활동하고 있다.

COTTON USA의 핵심가치는 품질, 지속가능성, 투명한 협력관계다. 고객들을 위한 품질과 효율성을 소중하게 여긴다. 이를 바탕으로 기술을 활용함으로써 더 효율적인 종자를 개발하고 조면 공정을 향상시켜 사실상 무오염 코튼을 생산할 수 있었다. 또한 수세대에 걸친 가족 단위 농장과 그에 따른 토지관리, 엄격한 규제와 혁신적인 정밀 농업기술로 미국은 코튼 재배 분야에서 세계를 선도하고 있다. 특히 엄격한 등급 분류 프로세스와 계약의 신성함, 고객서비스를 최우선 가치로 두고 있다.

COTTON USA는 다양한 국제 박람회 등을 통해 소싱 서비스와 네트워킹 기회를 제공하고 있다. COTTON USA는 다양한 행사에 큰 규모로 참가하고 있으며, 2년에 한 번씩 열리는 미국 원면 소싱회의(Sourcing USA Summit)는 미국 전역의 코튼 거래업체들을 비롯해 전 세계 주요 방적공장 및 원단제조업체들이 한 자리에 모이는 업계 최대의 행사다.

이 행사의 COTTON USA관에서는 전 세계 브랜드 및 리테일러와 협업하고 COTTON USA 마크 사용 계약 정보 및 소비자 조사로 증명된, COTTON USA 마크에 대한 소비자들이 갖는 가치와 선호도에 대한 정보도 얻을 수 있다.

또한 COTTON USA는 미국 면화생산업이 이룬 지구 지속가능성의 노력의 성과와 글로벌 시장 개척, 전 세계 소비자 시장 라이프스타일 분석 자료, 면직물, 의류 제조업자 다자간 공급망을 연결해주는 COTTON USA 소싱 프로그램에 대한 정보를 제공한다.

브루스 상임이사는 "COTTON USA는 전 세계 직물과 옷감업계에 네트워킹 기회, 지속적인 교육, 최신 연구 및 기술혁신 정보를 수시로 제공하고 있다. 파트너들의 공존으로 더욱 더 원활환 정보교류를 위함이다. 이것이 COTTON USA가 글로벌 직물과 옷감업계에 제공하는 가치임에 자부심을 느낀다."고 강조했다.

COTTON USA 소싱 프로그램의 목표는 전체 공급망에 걸쳐 비즈니스 관계를 개발 및 성장시키는 것이다. COTTON USA의 이 프로그램은 파트너와의 공존이 일어날 때 지역사회는 더욱 건강해지고 성장할 수 있다는 생각이다. 이 프로그램은 미국면직 섬유 제조업체 그룹간의 성공적인 파트너십으로 민국 면화 제품의 수출 시장을 개발, 성장 및 유지하는 데 목표를 두고 있다.

이 프로그램을 통한 섬유 및 의류 공급망은 라틴아메리카 전역의 잠재 고객들에게 미국 공장을 소개하고 미국 공장, 소매업체, 브랜드, 유니폼회사 간의 관계를 발전시키고 강화하기 위해 노력했다. 지역 의류 제조업체는 이 프로그램으로 다른 지역의 판매 기회를 담색할 수도 있다.

COTTON USA는 지역 연결망을 구축하고 비즈니스 관계를 발전시켜 지역사회의 건강한 흐름을 이어주고 있다. 이로써 지역사회의 경제가 활성화되고 다양한 상품이 창출되는 결과를 이끌었다. 함께 나누고 공존하는 사회. COTTON USA가 바라는 사회다.

개인의 이익보다 고용창출을, 몬드라곤 협동조합

비정규직으로 일하고 있는 분들의 애환이나 회사 내에서의 상황은 많은 사람들이 공감을 형성하고 있다. 그런데 스페인의 한 협동조합에서는 이상하리만큼 이상적인 기업의 모습을 담고 있는 곳이 있다. 스페인의 협동조합 몬드라곤이 그곳이다.

몬드라곤은 스페인 바스크 지역 몬드라곤시에서 1940년대부터 성당 주임신부 호세 마리아 아리스멘디아리에타 주도로 시작된 노동자 생산협동조합운동이다. 그곳에 부임한 호세 마리아 아리스멘디아리에타 신부는 청년들이 아무 할 일이 없어서 무기력과 폭력에 빠진 것을 보고 마을 아이들을 위한 기술학교를 세우고 작은 석유난로공장을 세웠다. 그렇게 해서 만들어진 것이 '울고'인데, 이것이 몬드라곤 협동조합 기업(MCC)의 시작이다.

그렇게 시작한 조합은 날이 갈수록 성장해 몬드라곤 건설을 비롯해 에로스키, 파고르 등 유수 기업을 포함하는 250여 개의 사업체로 구성된 몬드라곤 협동조합은 전기, 자동차, 철강, 공작 기계를 비롯해 서비스, 유통, 금융, 교육 분야까지 스페인에서 일곱 번째로 큰 기업이 되있다.

우리나라로 따지면 일종의 재벌기업인데, 단지 그 주인이 특정 가문이 아니라 회사에서 직접 일을 하고 있는 노동자들이라는 점에서 차이가 있다. 노동자들이 소유하고 경영자를 선임하며, 경영 전체를 관리, 감독하는 체제로 되어 있다.

기업의 전체 자산은 우리 돈으로 약 54조 원, 제조업과 유통업 부문의 2010년 1년 매출은 대략 22조 원 정도다. 총 고용인원은 8만 4천 명이고, 이 중 약 3만 5천여 명이 출자금을 낸 노동자 조합원, 즉 주주들이고 나머지는 비조합원 노동자들, 15,000명은 해외 지사의 노동자다. 해외에 80여 개가 넘는 생산공장을 갖추고 있다.

2008년을 기억하는가? 2008년 세계를 휩쓴 경제위기는 탐욕의 극한이 빚은 참사다. 그 결과 수많은 기업들이 파산하고, 그래도 살아남은 기업들은 고용을 줄이고 대량으로 직원을 해고했다.

그러나 그 당시 몬드라곤은 단 한 명의 해고도 없이 오히려 1만 5천 명의 신규고용을 창출하고 안정적인 성장세를 이어갔다. '사회적 경제'의 새로운 가능성을 입증하고 있다는 점에서 이 조합은 주목할 가치가 충분하다. 시작은 미약하지만 그 결과는 아무도 예상하지 못한 거대한 결실을 맺었다. 몬드라곤도 1980년까지는 120여 개가 넘는 개별 협동조합의 느슨한 연합체였지만 은행이 중심이 되어 통합해 성장함으로써 글로벌 대기업으로 부상했다.

몬드라곤은 성장 위주와 비인격성의 기업 문화에 대한 가장 확실한 모범적 대안 사례다. 몬드라곤의 기업 목표가 일관되게 '고용 창출'이라는 점에 주목해야 한다. 그것도 양질의 일자리를 보다 많은 이들에게 만들어주겠다는 목표는 고용 창출과 기존 조합원의 이익이 부딪칠 때마다 노동자인 조합원들이 자신의 이익을 양보하고 고용 창출에 합심했다는 점에서 우리의 기업과 노조 모두가 주목해야 한다.

사람들을 설득해 학교를 세우고 이곳 졸업생들과 함께 최초의 협동조합을 세웠을 뿐 아니라 주변 사람들의 강한 반대를 무릅쓰고 노동자생산협동조합이 성공할 수 있도록 협동조합은행(노동인민금고)을 설립했던 것만 감동적인 것이 아니다.

신부는 사람들과 토론하고 공부하며 협동조합을 이끌었다. 결코 독단적이지 않았고 늘 민주적이었다. 민주적이어서 때로는 절차와 과정에서 많은 시간과 에너지를 소모했을까? 아니다. 그것이 힘의 바탕이다. 그 힘이 1980년대 유럽의 경기침체나 2008년 세계경제 위기의 회오리 속에서도 노동자들이 협동조합을 지켜내고 더 많은 고용을 창출한 원천이다.

또한 1974년 처음 파업을 겪으면서 내부 갈등을 감내해야 했고, 불가피하게 해고의 극한 처방도 내렸지만 끝내 그들을 복직시켰으며, 늘 협동조합의 원칙을 새롭게 깨달았다. 그뿐 아니라 파산한 기업을 구제하기 위한 모든 노력을 아끼지 않았다. 그것이 민주주의의 진정한 힘이다. 지금 우리에게 필요한 것이 그러한 가치와 신념이다.

돈 호세 마리아 신부는 이렇게 말한다.

"일부 사람이 자신의 배타적인 이익을 위해 타인의 노동을 이용

하는 것을 허용하는 사회제도는 일종의 사회적 괴물이다. 협동조합
주의자는 다음과 같은 점에서 자본주의자와 구분된다. 즉 후자가 자
신에 봉사하는 사람을 키워내기 위해 자본을 이용하는 반면, 전사는
노동환경을 개선하기 위해 자본을 이용한다."

진심으로 공동의 선이나 모든 이의 이익을 추구하려면 사회제도
가 도움을 제공해야 한다. 신부의 이 말에 깊은 울림이 담겨 있다.

몬드라곤 협동조합의 가장 큰 특징은 출자자 중심인 우리의 협동
조합과는 달리 직종에 관계없이 노동자가 주인인 기업이다. 의사결
정 시 근무연수와 적립금에 관계없이 조합원 한 명당 한 표를 행사한
다. 몬드라곤 협동조합에서는 임금이라는 표현을 쓰지 않는다. '우리
(노동자)'의 사업이기 때문이다.

1년이 지나고 정산해야 수익을 알 수 있다. 배당은 일과 역할에
따라 1 대 3배가 넘지 않도록 정했지만 오늘날에는 1 대 6배까지 차
이가 나고 있다. 스페인의 일반 기업의 임금 차이는 1 대 70배에 달
하는 것에 비하면 대조적이다.

기업 이윤의 30퍼센트는 조합원(노동자)에 배당하고, 60퍼센트는
적립해 재정건전성을 확보하기 위해 사용되며, 10퍼센트는 지역사회
공헌기금으로 활용하고 있다. 조합원의 정년은 65세인데, 퇴직 후에
도 조합원 자격은 유지되며 7.5퍼센트에 가까운 이자를 지급한다.

이런 원칙에 따라 운영되는 이 그룹에서는 심지어 비조합원이라
해도 불이익을 크게 받지 않는다. 비조합원과 조합원 간의 수입 차
이는 배당금과 연금에서 차이가 날 뿐 같은 노동에는 같은 임금을 받
는다. '동일 노동, 동일 임금'의 원칙이 지켜지기 때문에 조합원과 비

조합원의 임금이 같은 것이다. 퇴직이나 휴직 때도 자체의 사회보장 협동조합에서 연금이 나오기 때문에 미래를 걱정할 것도 없다. 지금 우리나라의 정규직 노동조합은 비정규직 문제를 더 공부해야 하며 기업도 연구해야 한다.

무엇보다 회사 경영이 힘들 때는 불가피한 선택을 해야 하는 경우도 있는데, 이런 경우 운영되는 휴직제도는 80퍼센트의 휴직급여가 지원되고 몬드라곤 교육기관에서 새로운 직업교육을 제공한다.

최고임금자의 임금이 최저임금자의 10배가 넘을 수 없다는 규정이 있음에도 불구하고 훨씬 더 많은 급여를 주는 다른 기업으로 가지 않는 것은 자신의 회사를 위해 일하는 기쁨과 함께 일하는 동료 간에 느낄 수 있는 애정이 있기 때문이다. 즉 임금만이 절대적 기준이 아니라는 것이다.

이사들 또한 조합원들이 뽑는다. 자연스럽게 노사는 협력관계가 된다. 주주나 오너의 눈치만 보는 최고경영자가 아니라 자기 동료와 그 가족을 위해 일하는 이사들의 꿈이 아니다.

그런 경우 의사결정이 매우 늦다는 부정적인 측면이 있다. 그것은 사실이다. 그것을 과장할 까닭은 없다. 몬드라곤도 자신들이 의사결정이 늦다는 것은 인정한다. 그러나 일단 결정되면 추진력이 대단해서 문제가 되지 않는다. 모든 조합원들이 모든 상황을 이해하고 결정된 사항을 향해 모두 힘을 쏟기 때문이다.

그들이 자본주의 사회에 적합하지 않다고? 천만의 말씀이다. 엄연히 시장경제에 바탕을 두고 있다. 그들의 비밀은 '함께' 일한다는 것이고, 그들의 미래가 자신들의 손에 달려 있다는 믿음은 노동생산성이나 충성도가 높을 수밖에 없는 것이다.

이러한 기업이 과연 꿈일까? 이미 다른 나라에서는 이루어지고 있는 일이다. 최근 국내에서도 협동조합기업에 대한 관심이 커지고 있는 것은 다행스럽다. 사회적 기업을 표방한 곳도 많다. 그리고 그러한 기업을 육성하는 정책도 나오고 있다.

이제 우리는 자본주의 이후의 경제를 준비해야 한다. 몬드라곤 협동조합은 분명히 좋은 모범이다. 앞으로의 협동조합 방식에는 그것이 필수적임이 몬드라곤 사례로 확실히 알 수 있다.

직장에서 '안정감'은 매우 중요하다. 일하는 사람이 스스로를 정규직이라고 생각하는 것은 결국 회사 입장에서도 좋다. 직원이 자주 바뀌면 안정적인 환경이 유지될 수 없고 업무수행에 발전이 없다. 몬드라곤은 모든 직원에게 이 안정감을 주기 위해 노력했다. 벌어들인 수입은 대부분이 조합원 배당금 적립에 쓰인다. 회사를 위한 투자보다는 회사를 위해 일하는 조합원들에게 이익을 분배하는 것이다.

몬드라곤의 설립자 호세 마리아 아리스멘디아리에타는 말한다.

"진보하기 위해, 변화하기 위해, 좁은 길을 넓히기 위해, 좁은 길을 마음을 다해 넓히기 위해, 이 땅을 넓히기 위해, 우리 모두의 상생을 위해."

몬드라곤 협동조합은 물질이 먼저가 아닌 사람과 사람 사이의 소통 그리고 '사람'이 먼저가 되는 가장 기본적인 원칙으로 세상을 변화시키고 있다. 사람이 먼저라는 사실을 잊고 살았던 것이 아닌지 생각한다.

13

경쟁자와
상생하라

열심히 개발해서 남 주자, 테슬라

우리나라의 대표적 기업인 삼성전자와 현대자동차. 이들 회사의 기술력을 판단하는 기준 가운데 하나가 특허량이다. 삼성전자는 국내 기업들 가운데 특허를 가장 많이 내는 회사다. 현대자동차 역시 뒤질세라 특허 출원에 여념이 없다. 전 세계 주요 대기업들은 특허전쟁을 한다.

특허권이란 새로운 기술이나 디자인 등을 발명한 사람이 그 내용을 다른 사람에게 공개하는 대가로 일정기간 동안 이익을 누릴 수 있도록 법적으로 보장해주는 권리를 뜻한다. 테슬라 같은 기술 중심 기업에서는 기술력이 곧 그 회사의 경쟁력이기 때문에 특허를 대단히 소중하게 다룬다.

얼마 전까지 지속된 애플과 삼성의 집요한 특허전쟁을 생각하면 이해가 쉽다. 삼성과 애플은 천문학적인 배상금을 걸고 서로가 서로를 베꼈다며 '카피캣(Copycat)' 공방전을 벌였다. 특허권이 얼마나 중요한지 잘 보여주는 사례다.

　이처럼 특허는 공개는커녕 상대방을 특허로 몰아부치는 것이 글로벌기업들의 관행이었다.

　21세기 특허권은 기업의 핵심기술 및 가치를 지니고 있는 힘이 있다. 하지만 이렇게 특허권전쟁이 벌어지는 시대 속에 열심히 특허권을 개발해 다른 회사에 오픈소스를 공개한 회사가 있다. 앨론 머스크 회장이 설립한 회사 테슬라다.

　앨론 머스크는 영화 〈아이언맨〉의 실제 주인공으로도 유명하다. 전자결제서비스 업체인 페이팔의 공동 창업자 중 한 명이며, 스페이스-X라는 위성통신사업체를 운영하고 있고, 동시에 전기자동차 업체 테슬라모터스를 이끌고 있다. 앨론 머스크는 그동안 일반 경영자들이 생각하지 못하는 혁신적인 방법으로 자동차업계에 새로운 바람을 일으켰으나 창의적이고 파격적인 사업 추진 때문에 업계의 이단아 취급을 받기도 했다.

　그는 현재 테슬라 CEO인 동시에 솔라시티라는 친환경에너지 기업의 회장과 민간 우주선 회사인 스페이스-X의 CEO이다. 그가 진행하고 있는 일련의 사업은 인류의 생활방식을 결정짓는 에너지와 이동수단에 초점을 맞춘다. 인류의 미래와 환경을 보전시켜 지구의 환경을 보존하려는 그의 신념은 그의 재능과 선의에 의해 세상에 이로운 제품들로 표현되고 있다.

　전기자동차 선두주자 테슬라 CEO인 앨론 머스크는 최근 '특허 개방'이라는 파격선언을 했다. 그는 블로그에 올린 〈우리가 보유한 모든 특허는 당신 것입니다〉라는 글에서 "우리 경쟁자는 소규모 전기차 제조업체가 아니라 매일 수많은 자동차를 쏟아내는 내연기관 자동차업체"라며 공짜로 특허를 가져다 쓰라고 했다.

테슬라는 현재 배터리나 전기구동 장치 특허를 200여 개 보유하고 있다. 시간과 돈, 노력의 결정체인 특허를 공개하는 것은 기업으로서는 쉽지 않은 결정이다. 경쟁자들이 기술 격차를 해소하고 성큼 따라붙을 리스크를 감수해야 하기 때문이다.

그는 가솔린 자동차와 싸우려면 특허를 움켜쥐고 있는 것보다 협업으로 시장 규모를 폭발적으로 키우는 것이 맞다고 보았다. IT업계 오픈소스 바람이 자동차업계로 옮겨온 셈인데, '제2의 스티브 잡스'로 불리는 앨론 머스크이기에 가능했다는 말도 나온다.

오픈 소스 정책으로 전기차 시장을 키우는 것이 특허 수입보다 훨씬 더 중요하다는 것이 그의 논리였다. 또한 기술력은 특허에 의해 결정되는 것이 아니라 회사가 세계 최고의 엔지니어들에게 얼마나 동기부여를 할 수 있는지에 달렸다며 자신감을 내비쳤다.

이런 기술을 누구에게나 무상으로 공개하고 나섰다는 것은 신선한 충격이 아닐 수 없다. 앨론 머스크는 "우리의 진정한 경쟁은 소량으로 생산되는 테슬라 이외의 전기차가 아니라 휘발유 차량이 매일 세계의 공장에서 엄청나게 쏟아져 나오고 있는 것"이라며 전기차 특허를 공개한 목적이 지구환경 보호에 있다는 점을 분명히 했다.

앨론 머스크가 진행하고 있는 일련의 사업은 인류의 생활 방식을 결정짓는 에너지와 이동수단에 초점을 맞춘다. 일반 자동차회사로서는 생각도 하지 못할 사업 형태다. 그러나 전기차 회사와 배터리 공장, 친환경 재생에너지 사업을 함께 진행하고 있는 사업가라면 이런 생활의 변화를 추구하는 것이 자연스러울 것이다.

테슬라의 특허 개방은 단순히 전기차 시장을 키우고 홍보 효과를 누리는 데 있지 않다. 모빌리티와 에너지에 관련한 일련의 생활방식 자체를 바꿈으로써 인류 역사에서 가장 중요한 부분을 차지하고자 하는 역발상이다.

무모해 보이기도 하지만 이 계획이 성공을 거둔다면 에너지에 대한 엄청난 지배력을 확보할 수 있고, 오염된 환경을 보호하며, 앞으로의 거대한 산업에서 새로운 친환경시대로의 도입을 열어나갈 수 있다.

환경문제를 해결하기 위해 지역사회에 특허권을 공개해 함께 환경을 위해 친환경 자동차를 만들자는 앨론 머스크의 제안은 우리 사회가 앞으로 나눔의 가치를 실현함으로써 함께 걸어가야 할 모습이 아닐까 생각한다. 앨론 머스크의 나눔으로 지역사회가 성장하고 우리의 환경도 점점 깨끗해지는 날이 오길 기대한다.

친환경 양털신발 스타트업, 올버즈

실리콘밸리 사람들은 어떤 운동화를 신을까?

2017년 7월 캘리포니아 멘로카프에서 주최한 행사에 1,000명의 기업가와 투자자들이 모였다. 그중 많은 사람들이 올버즈의 양털 운동화를 신고 있었다. 《뉴욕타임즈》는 이런 모습을 보고 〈실리콘밸리에 어울리려면 이 양털 신발을 신어라〉라는 제목의 특집기사를 냈다. 뿐만 아니라 구글 공동창업자 래리 페이지, 페이스북의 CEO 마크 저커버그, 전설적인 벤처투자가 벤 호로비츠 등 실리콘밸리의 아이콘과 같은 사람들도 올버즈의 팬으로 유명하다.

올버즈는 어떻게 운동화 하나로 실리콘밸리를 장악했을까?

현재 신발업계에서 사회적 가치를 인정받는 새로운 방식이 부상하고 있다. 대표적인 기업 중 하나가 친환경 신발회사 올버즈다. 올버즈는 전 뉴질랜드 프로축구선수 팀 브라운과 친환경 해조류 제조기업 대표이자 재생가능 재료 전문가인 조이 즈위링거에 의해 2015

년에 설립한 스타트업이다.

이 브랜드의 창업자 팀 브라운은 뉴질랜드 축구팀의 부주장 출신으로, 폴리에스터 같은 화학 소재가 아니라 친환경적인 소재로 만든 신발을 고민하다가 자신의 고향에서 뛰노는 양떼를 보고 뉴질랜드의 양털로 신발을 만드는 아이디어를 생각했다.

2014년 뉴질랜드양모협회에서 연구지원금을 받아 양모 신발을 디자인했고, 크라우드펀딩 플랫폼인 킥스타터에 올려 5일 만에 약 1억 3,000만 원의 펀딩을 받았다. 이어 2016년 3월에 드디어 양털로 만든 올버즈 브랜드를 론칭했다.

팀 브라운은 매우 가벼운 메리노 울로 신발을 만들었다. 올버즈는 양털 중에서도 메리노 울을 사용하는데, 메리노 울은 보온성은 물론 통기성도 좋다. 메리노 울은 온도에 따라 반응하는 활성섬유로 더울 때는 시원하고, 추울 때는 따뜻하게 해주어 사시사철 땀과 냄새를 줄이는 데 탁월하다.

이런 특성 때문에 아웃도어 의류의 소재로 많이 활용되었지만 그동안은 아무도 매일 신는 운동화를 만들 생각은 하지 못했다. 그러나 팀 브라운은 시도했다. 그는 신발을 만들 때 일부 소재만 친환경 소재를 사용한 것이 아니라 신발 전체를 친환경 소재로 만들고 싶었다. 그래서 신발 표면은 뉴질랜드산 메리노 울로, 신발 밑창은 사탕수수로 만들었다. 탄소배출량을 줄인다는 분명한 목적을 갖고 신발을 제작했는데, 이는 올버즈의 가장 큰 특징 중 하나가 되었다.

이런 임팩트를 확산하기 위해 사탕수수 밑창기술을 오픈 소스로 공개했다. 많은 신발 업체가 환경을 생각하는 제품을 생산하고 올버즈의 친환경 가치에 동참하기를 바라는 마음에서였다.

올버즈는 대표적인 친환경주의자 이자 영화배우인 레오나르도 디카프리오에게 투지를 받으면서 입소문이 나기 시작했다. 2019년 1월, 이 브랜드의 가치는 14억 달러(약 1조 6,000억 원)로 올랐다.

올버즈의 양모를 이용한 신발 제작은 기존 합성섬유를 이용한 방식보다 에너지소비량이 60퍼센트나 적다는 점에 주목하고 스토리에 적극 녹여냈다. 이러한 친환경 스토리는 양모 신발에 이어 2018년 3월 유칼립투스 나무섬유를 원료로 한 신발을 만들어 더욱 강화되었다. 유칼립투스 나무를 통째로 베어 펄프로 만들지 않고 일부만 잘라 나무가 계속 자랄 수 있는 방식을 택한 것이다.

제품은 따라 하기 쉬워도 소재는 따라 하기 어렵다. 소재를 혁신하는 데는 독자적인 기술과 생산 노하우가 필요해 모방하기가 쉽지 않기 때문이다. 올버즈도 메리노 울이라는 소재를 혁신해 진입장벽을 높이고, 올버즈만의 시그니처로 만들었다. 하지만 운동화의 몸체에 쓰이는 소재를 혁신하는 것으로, 또 한 가지 제품만으로 성장하는 데는 한계가 있다. 그래서 올버즈는 울에서 그치지 않고, 소재를 혁신해 편한 운동화를 만드는 브랜드로서 정체성을 강화하며 계속 진화 중이다.

올버즈는 소재를 혁신하는 데 원칙을 가지고 있다. '지속가능성'이다. 올버즈가 메리노 울을 선택한 또 하나의 이유이기도 하다. 양털이 합성섬유보다 섬유 가공 과정에서 소비하는 에너지량이 60퍼센트 정도 적기 때문이다.

올버즈는 운동화 몸체뿐만 아니라 운동화의 다른 요소를 제작할 때도 소재를 개발해 환경을 배려한다. 보통 운동화의 밑창은 가볍고 가공이 쉬운 화학소재로 만드는데, 올버즈는 가공 과정에서 이산화탄소가 배출되지 않는 사탕수수를 가공해 밑창을 만든다. 신발끈은 재활용된 플라스틱을 녹여 만들고, 신발 상자조차 이미 사용된 판지를 재활용한다. 소재의 혁신의 결과가 제품의 품질을 넘어 제품의 사회적 가치로 이어진다.

이처럼 소재의 혁신은 더 나은 세상을 이끈다. 미국 샌프란시스코에서 시작해 뉴욕, 보스턴 등 미국 주요 도시에 진출한 신발 브랜드 올버즈도 소재를 혁신해 '세상에서 가장 편한 운동화'를 만들었다. 이 슬로건은 올버즈가 스스로 자칭하는 말이었지만, 실제로 세상에서 가장 편한 운동화로 인정받으며 실리콘밸리 사람들 사이에서 유니폼으로 불릴 정도다.

올버즈가 사업 과정에서 지향하는 사회적 가치와 이를 반영하는 방식은 신발 하나를 구매하면 하나의 신발이 개발도상국 아이들에게 기부되는 동종업계 회사 탐스와는 분명 다르다.

올버즈는 탄소배출량을 줄이고 친환경적인 제품을 만들겠다는 분명한 목적을 가지고 이에 맞는 사회적 가치(친환경적 원료의 공급, 공정한 생산)를 생산공정에 반영했다. 사회적 가치 측면에서 탐스와 올버즈의 극명한 차이는 올버즈와 달리 탐스는 생산공정에 사회적 가치가 반영되어 있지 않다는 점이다. 탐스는 기부 모델을 제외하면 기업경영 방식이나 행태가 다른 일반 기업과 다를 것이 없다.

올버즈가 환경문제를 직시하고 해결해나가는 모습은 우리에 많은 시사점을 던져준다.

《자본주의 3.0》을 쓴 피터 반스는 자본주의에서 지금까지도 생산에 따른 혜택보다는 환경과 사회적 비용이 더 빠르게 증가했다고 말한다. 만약 국내총생산(GDP)에서 환경의 비용을 뺀다면 순GDP는 지금의 절반으로 떨어질 것이라고 주장한다. 기업은 환경에 신경 써야 한다는 이유를 설명해준다.

환경오염은 앞으로 우리가 더 이상 간과할 수 없는 문제로 접어들었다. 환경을 함부로 착취하는 대가로 많은 돈을 버는 기업들은 앞으로 살아남기 어렵다. 시민과 정부 그리고 기업이 모두 힘을 합쳐 환경을 개선하기 위해 노력해야 한다. 그래야 인류가 50년 뒤, 100년 뒤 깨끗한 환경에서 살아갈 수 있으며 우리의 자손들에게 깨끗한 지구를 물려줄 수 있을 것이다.

올버즈는 친환경의 가치만을 내세우는 대신, 제품에 적용된 친환경적인 혁신이 어떤 문제를 해결했고 어떤 개선을 이끌어냈는지 세상에 알리고 있다. 친환경 신발 스타트업 올버즈의 사례로 기업이 단순히 이익을 추구하는 것이 아닌 환경문제에 관심을 갖고 자연과 함께 공존해나갈 수 있는 방법을 고민하며 문제를 해결할 수 있음을 확인할 수 있다.

환경을 무시하는 기업은 앞으로 살아남기 힘들 것이다. 환경을 생각한 지속가능성은 이윤창출에 도움이 되며 경쟁의 우위가 된다는 사실을 기업들이 이해해야 한다. 환경을 생각하는 올버즈를 보면서 다시 한번 환경문제와 기업 그리고 우리의 미래를 되새겨본다.

친환경의 핸드메이드 화장품, 러쉬

러쉬는 친환경제품을 제조하는 데 초점을 맞추고 있다. 환경보존과 친환경 제조법으로 건강한 아름다움을 소비자에게 선물하고 싶기 때문이다. 또한 화장품산업에서 발생하는 환경오염을 줄이고 친환경적인 제품을 선보이며 화장품 산업에 친환경적인 제품으로 미용이 가능하다는 메시지를 던지고 있다.

창업 당시 창업멤버들은 '신선한 핸드메이드 화장품을 만들자'는 신념뿐이었다. 초기에는 슈퍼마켓에서 오렌지나 레몬, 계피 등을 구입해 비누를 만들기 시작했고, 방부제를 넣지 않고도 제품의 유통기한을 늘릴 수 있는 방안을 고민했다. 수많은 실험을 거쳐 재료 각각의 성분들이 서로 다른 원리로 세균의 번식을 막는다는 것을 발견하고 각종 식물들의 성분과 에센셜 오일을 배합해 제품을 출시했다.

러쉬는 오직 채식주의 제조법만을 사용해 얼굴, 머리카락, 그리고 몸을 위한 크림, 비누, 샴푸, 샤워 젤, 로션, 보습제, 스크럽, 마스크, 그리고 그 외의 다양한 화장품 등의 상품을 생산한다. 알약 형태의 고체 치약인 투터 탭스뿐만 아니라 고체 샴푸도 온라인 및 매점에서 구입할 수 있다. 러쉬는 배스 밤으로도 널리 알려졌는데, 베스 밤은 탄산수소나트륨, 시트르산, 정유, 천연 버터 등으로 만들어진 고체로, 물에 닿았을 때 쉬익 소리를 내며 거품을 일게 하고 다양한 색을 낸다.

러쉬 제품에 들어가는 성분은 100퍼센트 채식주의 재료들이다. 동물의 2차적인 원료인 꿀이나 계란, 비즈 왁스 등은 사용하기 때문에 비건(완전) 베지테리언으로 보긴 어렵지만 제품의 87퍼센트는 비건 베지테리언 재료들로 만들어진다. 방부제가 들어간 제품들도 전체 제품들 중 25퍼센트에 불과하고 들어가더라도 소량만 들어간다.

안전하고 질 좋은 원재료를 찾기 위해 러쉬에는 '크리에이티브 바잉(Creative Buying)'이라는 팀이 있다. 전 세계 오지 곳곳을 돌아다니며 천연재료를 찾는 부서다. 러쉬 화장품의 재료들은 모두 '식자재'처럼 관리하는 것도 특징이다. 천연재료를 이용해 신선한 제품을 만든다는 것은 건강한 음식을 해먹는 것에 비유해, 제조 공장도 주방을 의미하는 '키친'으로 정했다.

실제로 제품을 생산하는 생산자들은 실제로 사람이 먹을 수 있는 과일, 채소, 허브 등을 장을 본 뒤 그 재료들로 제품을 만든다. 실제 요리를 하듯 과일을 조각내 갈거나 즙을 내는 방식으로 진행된다. 핸드메이드에 대한 자부심은 포장용기에도 드러나는데, 용기 뒷면에는 생산자의 이름과 만든 날짜가 새겨진 스티커가 붙는다.

러쉬에서 유튜브로 공개하는 각종 제조 동영상을 보면 엄청나게 많은 과일과 꽃, 향신료 등이 사용된다. 러쉬에서 공개한 영상에서는 직원이 매장에서 장을 보고 장을 봐온 재료들로 제품을 만드는 모습까지 공개했다. 러쉬가 개발한 친환경적인 제조법을 오픈 소스로 널리 알리고 건강한 제품을 직접 만들어 사용할 수 있도록 하는 마음이 담겨 있다.

이런 이유로 제품의 사용기한은 상당히 짧다. 향수와 샴푸바를 제외한 제품들의 평균 사용기한은 1년 내외이며, 사용기한이 가장 짧은 팩은 28일에 불과하다. 사용기한이 넉넉한 제품이라고 하더라도 매장에 전시한 지 4~5개월 된 제품들은 판매하지 않는 것을 원칙으로 하고 있다.

러쉬의 주력 제품인 입욕제, 비누 등은 모두 포장되지 않은 제품들이다. 소비자들이 원하는 만큼만 판매되며, 이를 병에 담지 않고 포장지에 싸서 코팅되지 않은 종이가방에 넣어준다. 일반적으로 화장품 브랜드들이 자사의 이미지를 부각시키기 위해 패키지에 엄청난 공을 들이는 것과 대비된다.

러쉬가 이런 정책을 펴는 것은 친환경 요인이 가장 크지만, 천연재료 특성을 잘 살린 러쉬만의 오감 마케팅이기도 하다. 선명한 색상의 제품들을 있는 그대로 진열해 시각을 자극하고 강하고 독특한 향으로 후각을, 원재료를 부담 없이 만질 수 있는 촉각까지 자극한다. 청각과 미각은 각각 음악과 비누를 도마에 썰어주는 방식으로 체험하도록 한다.

친환경제조법으로 소비자에게 건강한 미용제품을 제공하고 누구나 노력하면 집에서도 핸드메이드로 만들 수 있는 방법을 공개하는 러쉬는 이익 추구만이 아닌 건강한 미용이라는 철학을 경쟁사와 소비자 모두에게 전달하고 있다.

화장품업계에 친환경 혁신을 일으키고 싶은 러쉬의 마음이 상생을 일으키고 있으며, 건강한 마음과 건강한 제품을 지키는 러쉬의 행보가 기대된다.

14

|

지역사회와 함께
나아가라

고령화 농촌과 상생하는 **이온그룹**

오래 산다는 것이 더 이상 기쁘지만은 않은 시대가 되었다. 고정적인 지출은 여전한데 돈이 들어올 곳은 점점 없어지는 것이 현실이기 때문이다. 정부도 개인도 감당하기 버거운 고령화시대, 해결 방법은 없는 걸까? 여기 '상생'으로 고령화시대에 적극적으로 대응하는 기업이 있다. 일본의 글로벌 유통기업 이온그룹이 그곳이다.

이온그룹은 이온 리테일 주식회사를 중심으로 일본 및 해외 180여 개 기업으로 구성된 대표적인 유통기업 그룹이다. 주로 슈퍼마켓 이온, 맥스밸류, 할인점 더 빅, 쇼핑몰 이온몰을 운영하며, 이밖에도 미니스톱과 레드캐비지, 쓰루하 홀딩스, 다이에, 유니드 등이 있다.

이온그룹은 사회문제에 대해 관심을 갖고 그룹을 운영하고 있다. 이온이 주목한 곳은 노인들만 남은 농촌지역이었다. 이온은 농산물을 직접 구입해 판매하는 다른 유통회사들과는 다른 행보를 보여준다. 농촌마다 특산물이 있지만 문제는 후계자가 없어 존립이 위태롭다는 것에 주목한 것이다. 이온은 노인들이 잘하는 일과 할 수 없는 일을 구분해 할 수 없는 일을 집중적으로 지원하는 방식을 택했다.

전통 특산물은 노인들이 가장 잘 알고 있다는 사실을 파악한 이온은 세 가지의 큰 활동을 진행했다.

첫째, 29개 현 39가지 특산품을 '푸드 아르티장(Food Artisan)'으로 선정해 지원하는 사업이다. 푸드 아르티장으로 선정되면 이온그룹이 책임지고 확실하게 팔아주는 시스템이다. 그 지역에서만 맛볼 수 있는 먹거리, 특산물을 재료로 전통 요리법을 계승한 향토요리, 재배에서 가공까지 전통방식으로 만들어지는 특산품을 예로 들 수 있다.

대표적인 예로 오키나와 북부 모토부 마을의 특산물인 아세로라가 있다. 열대과일인 아세로라는 오키나와 일부 지역에서만 재배된다. 아세로라는 수확 후 2~3일이면 상해서 상품성이 약했는데, 이를 보완하기 위해 냉동 아세로라, 젤리, 에이드, 맥주 등 다양한 상품으로 개발해 시장에 내놓았다. 그리고 비타민C가 레몬의 34배이며 미백효과가 있다는 점을 적극 홍보해 이온 온라인 쇼핑몰에서 가장 잘나가는 상품 중 하나가 되었다.

관광을 온 여행자들에게는 상품 설명만이 아니라 아세로라의 역사나 오키나와현에 들어온 경위, 모토부 마을을 소개하면서 아세로라를 설명한다. 모토부 마을 소개로 시작해 아세로라를 실제로 맛보게 하고 그 효능을 설명하면서 판매로 연결시킨다. 이렇게 지역 특산품이 지역의 스토리와 연결되면서 가치가 높아진다.

아세로라 스토리의 핵심은 아세로라를 발전시킨 나미사토 부부의 사명과 사랑의 역사가 들어간다. 이것이 소비자에게 큰 매력으로 다가온다. 상품만이 아니라 리얼한 스토리로 말을 건네는 것이 관심과 감동을 만들어내어 그것이 사람들과 이어지도록 만든다. 자신의 일(이야기)이 모두의 일, 세상의 일을 만드는 것이다. 푸드 아르티장에는 많은 이들의 스토리가 있다.

둘째, 이온은 특정 농촌을 콕 찍어 돕는 적립카드를 발행했다. 이는 소비자가 돕고 싶은 마을 프로젝트의 카드를 구매한 뒤 포인트를 적립하거나 현금을 충전하는 것이다. 이 카드로 전국 이온 매장에서 물건을 사면 사용금액의 0.1퍼센트가 해당 마을에 기부된다. 현재 130개 종류의 카드가 출시되었고, 지금까지 총 기부금액만 9억 8,400만 엔(95억 7천만 원 정도)이라고 하니 꽤 실효성 있는 아이디어라는 생각이 든다.

셋째, 이온은 젊은 신입 농부를 정규직으로 채용해 농촌마을의 남는 땅에서 직접 농사를 짓도록 했다. 고령의 농촌 인력만으로는 농촌의 발전에 한계가 있다고 판단했기 때문이다.

자회사를 설립해 2010년부터 '이온농장'을 만들기 시작한 이온은 현재 홋카이도, 규슈, 치바현 등 전국 14개 지역에서 양배추나 토마토, 호박, 완두콩 같은 채소를 재배하고 있다. 특히 신입사원 채용 경쟁률이 엄청났는데, 2015년 처음 채용을 실시했을 때는 47명 모집에 1만여 명이 지원했다.

2016년 기준 이 농장의 정규직 농부 126명의 평균연령은 30살이다. 도시에서 온 초보농부들이 시행착오를 겪을 때는 마을 주민들이 경험을 나누어주고, 반대로 젊은 농부들은 IT기술을 농사에 접목하는 방법을 주민들에게 전수한다. 이렇게 더불어 농사를 짓다 보니 농촌에는 활력이 생겼고, 덕분에 일손을 놓았던 노인들이 다시 농사 짓기에 나서기도 했다.

이처럼 이온그룹은 단지 농산물을 대신 팔아주는 것을 넘어 노인들과 특산물을 더 특산물답게 만들어 수요를 창출하고, 농촌을 돕고 싶은 도시인들이 가치소비를 할 수 있게 했다. 또한 도시 젊은이들이 농촌의 노인들과 협업을 할 수 있게 만들었다. 물고기를 잡아주는 것이 아닌 잡는 방법을 가르쳐주는 것이 이온그룹의 방식이다. 이온그룹의 지역사회를 사랑하는 방식이 고령화시대 위기에 빠진 농촌을 살리고 있고 덕분에 농촌사회가 좋아지고 있다.

농촌과 기업이 함께하는 더블에이

현재 도시와 농촌의 격차가 점점 벌어지고 있으며 빈부격차, 환경오염 등의 문제가 화두가 되고 있다. 하버드대학교 교수인 마이클 포터는 "이 문제들을 해결하지 못하면 기업에 미래는 없다."고 말한다. 소득의 원천인 기업이 이 문제들을 위해 나서야 한다는 것이다. 이윤창출과 함께 사회문제 해결이 함께 이루어져야 함을 뜻한다.

농촌에 대한 단기적 보조금은 일시적인 도움이 될 뿐 근본적인 문제 해결에는 어려움이 있다. 따라서 기업은 농촌과 함께 고민하고 새로운 파이를 창출해야 한다. 이 새로운 파이를 만드는 것이 공유가치를 창출하는 것이다. 농촌과 기업이 함께 파이를 키우고 있는 대표적인 사례가 A4 용지로 유명한 더블에이다.

더블에이는 태국에서 1991년에 설립된 프리미엄 복사용지 브랜드로, 아시아를 시작으로 호주, 유럽 그리고 중동 시장에서도 왕성한 성장을 보여주고 있으며, 세계적으로 성장할 무한한 잠재력을 지닌 브랜드다.

설립 이후 소비자들에게 최상의 품질의 제지를 제공하기 위해 끊임없이 노력해오고 있으며, 6개 대륙 130여 개국에 수출되고 있다. 특히 20여 년 만에 모범적인 21세기형 친환경 경영으로 세계시장을 파고들고 있다.

사실 알고 보면 난센스인 면이 있다. 종이회사는 대표적인 반농업 회사이기 때문이다. 산의 나무를 베어다 종이를 만들기에 나무 먹는 하마라고 할 수 있다. 소비자 입장에서는 자연을 해치는 기업이라고 생각할 수 있다. 농사에 민폐이기 때문에 친농업적일 수 없다. 그렇다면 더블에이는 어떻게 농부들과 함께 성장할 수 있었을까?

요즘 제지회사들은 나무를 베는 대신 인공림을 조성하는데, 이 역시 생태계에 치명적이다. 단일품종 인공림은 생명다양성을 떨어뜨린다. 병충해에 약해 농약도 많이 써야 한다. 그래서 더블에이는 논과 논 사이 널찍한 논두렁 자투리에 묘목을 심도록 하고, 키우는 것은 농부에게 맡겼다. 원래 놀리는 땅이었다. 태국에서는 논두렁을 '칸나'라고 부르는데 그래서 '칸나 프로젝트'로 이름 붙였다.

과정은 다음과 같다. 우선 더블에이가 자체 농장에서 묘목을 재배하고 어느 정도 자라면 농부들에게 한 그루당 5바트(200원)에 판매한다. 농부들은 칸나에 묘목을 심는데, 3년이면 지름 15센티미터 펄프용 나무로 자란다. 더블에이는 농부들에게 한 그루당 70바트(2,800원)에 되산다. 농부들은 200원에 묘목을 사서 3년간 키워 14배의 수입을 올리는 셈이다.

더블에이는 4억 그루가 유지되도록 하며, 이 가운데 매년 1억 그루를 종이를 만드는 데 사용한다. 대신 1억 5천만 그루를 매년 심는다. 한 그루를 베면 1.5그루 묘목을 심는 것이다. 농가의 소득이 끊이지 않고 계속 돌고 도는 것이다. 농부들이 원사재 납품업체처럼 더블에이가 잘되면 농부들도 잘되는 구조다. 이 결과 농부들의 소득은 크게 향상되었다.

150만 농부들의 연간 총 추가소득은 50억 바트(약 1,832억 원), 여기에다 4억 그루 나무는 연 670만 톤의 이산화탄소를 흡수한다. 우리나라가 매달 배출하는 500만 톤보다 많은 양이다.

더블에이도 1999년 복사용지를 생산한 이후 계속 성장했는데, 연 매출이 2016년 231억 바트(7,632억 원)로 전 세계 복사용지 20퍼센트를 점하고 있다.

더블에이의 모회사는 쌀과 타피오카를 수출하던 순후아센이다. 종이사업을 시작하면서 처음에는 이 회사도 인공림 조성을 고려했다. 하지만 두 가지 걸림돌이 있었다.

첫 번째는 태국 농부들의 고달픈 현실이었다. 농산물 무역을 하던 회사다 보니 이를 고려하지 않을 수 없었다. 태국은 40퍼센트가 농민인데 대부분 영세한 소농이다.

두 번째는 환경이다. 하루가 다르게 나무가 줄어들면서 향후 천연림을 벌채하기 힘들 거라는 사실이었다. 전 세계에서 종이를 만들기 위해 매일 잘려나가는 나무만 1,200만 그루, 환경보호단체 '지구의 벗(Friends of the Earth)'은 1분당 축구경기장 36개 만한 산림이 없어진다고 경고한다.

그래서 더블에이는 농가 자투리에 나무를 심기로 하고, 창업 후 5

년 동안 종이는 생산하지 않고 나무만 연구했다. 종이에 최적화되면서도 쌀농사에 피해를 주지 않는 나무를 말이다. 이 결과 400명의 연구진은 유칼립투스 다섯 종의 장점만 추출해 '더블에이 페이퍼 트리'라는 전용나무를 개발했다.

보통 펄프 나무는 5년 후 벌목하는데, 이 나무는 3년이면 다 자란다. 종이 1그램당 섬유질 함량도 2,200만 개로 300만 개의 자연목보다 높아 더블에이 종이는 최고 품질로 평가받고 있다.

나무는 펄프와 종이의 원료인 섬유질을 제하면 절반이 남는데, 대부분 버린다. 그런데 더블에이는 껍질 등을 따로 모아 자체 발전소에서 전력을 생산한다. 나무 폐기물이 바이오매스 재생에너지로 쓰이는 것이다. 이 전력으로 제지공장을 가동한 뒤 남는 전력은 다시 지역농가 40만 가구에 제공한다.

"우리는 자원이 고갈되고 나무를 가꾸는 농민들의 빈곤이 계속되면 우리의 경영에도 한계가 따를 수밖에 없다."

티라윗 리따본 더블에이 부회장의 말이다.

이 결과 더블에이는 20여 년의 짧은 역사에도 불구하고 100여 개국에서 프리미엄 복사지로 인정받고 있다. 우리나라에서는 점유율이 30퍼센트로 1위다. 2011년 아시아 미래포럼에서는 빈곤구제 부문 사회공헌활동상을 수상하기도 했다.

《마케팅 3.0》의 저자인 필립 코틀러 노스웨스턴대학교 켈로그경영대학원 교수는 더블에이를 이렇게 평가했다.

"더블에이는 지역사회(농부)와 생산자(더블에이), 성장과 환경이 절묘하게 조화를 이룬 기업이다. 공공의 이익을 추구하면서도 크게 성공한 회사다. 《더블에이 3.0》이란 책을 내도 좋을 정도다."

저소득과 고령화로 잊힌 곳이라 불리는 농촌. 더블에이는 농촌과 기업의 동행이 얼마든지 가능함을 잘 보여주고 있다. 우리는 생각해 본다. 농촌을 살리는 제지회사로 발돋움한 더블에이의 핵심은 진심으로 농촌을 위하는 마음과 그 안에서 상생하고자 하는 노력이 아닐까.

산모와 아기의 파상풍 해결에 힘쓴 P&G

기업의 사회적 책임이 강조되면서 점점 코즈 마케팅이 부각되고 있다. 코즈 마케팅이란 기업이 환경, 보건, 빈곤 등과 같은 사회적인 이슈, 즉 '코즈(cause)'를 기업의 이익 추구를 위해 활용하는 것을 말한다. 기업이 경제적 가치와 공익적 가치를 동시에 추구하는 것이다.

코즈 마케팅은 마케팅 방법론이라기보다 기업경영의 큰 방향이라고 본다. 패러다임이 바뀌고 있음을 증명한다. 《자본주의 4.0》이나 《따뜻한 자본주의》와 같은 책의 개념과도 밀접한 연관성이 있다. 그런 맥락에서 기업에도 이익이 되고 사회에도 이익이 되는 코즈 마케팅의 시대가 왔다.

코즈 마케팅은 사회공헌과 마케팅을 결부시킨 개념이라고 할 수 있다. 이에 코즈 마케팅으로 사회의 문제를 해결하고 지역사회와 동반함으로써 기업의 이윤까지 증가시킨 회사를 소개한다.

미국의 다국적 기업 P&G는 비누, 샴푸, 칫솔, 기저귀 등 다양한 종류의 소비재를 제조 판매한다. 글로벌 기저귀 브랜드 P&G 팸퍼스는 지난 2006년부터 UN 산하 아동구호기관인 유니세프와 파트너십을 맺고 어린아이들의 질병 근절을 위한 캠페인을 적극적으로 전개해왔다. 팸퍼스는 글로벌 생활용품 기업 P&G의 판매 1위 기저귀 브랜드다.

P&G는 지난 10년간 가나, 코트디부아르, 세네갈 등 무려 16개국에서 모자파상풍(MNT)이라는 질병을 완전하게 근절하는 데 크게 기여했다. 이 병은 깨끗한 분만 서비스가 제한된 곳이나 예방접종을 받기 어려운 지역에서 주로 발생하지만 충분히 예방이 가능하다. 그럼에도 매년 태어난 지 한 달도 안 된 4만 9천여 명의 아기들의 생명을 앗아가고 있다.

여러 차례 논의를 거쳐 P&G와 유엔아동기금은 파상풍이 팸퍼스 판매를 통한 기부금으로 예방접종을 하기에 가장 알맞은 질병이라는 결론을 얻었다.

저개발국에서는 상당수 산모들이 비위생적인 환경에서 출산하는 경우가 많다. 이 때문에 산모와 아기가 모두 파상풍 감염에 매우 취약한 실정이다. 파상풍은 산모와 아기의 생명을 심각하게 위협할 만큼 치명적인 질병으로 꼽힌다. 실제 저개발국의 수많은 신생아와 산모들이 매년 파상풍으로 아까운 목숨을 잃고 있는 실정이다. 하지만 임산부에게 파상풍 예방주사를 투여하면 산모와 아기를 모두 보호할 수 있다.

팸퍼스와 유니세프는 11분마다 신생아의 목숨을 앗아가고 있는 모자파상풍으로부터 소중한 생명을 지키기 위해 총 3억 개의 백신을 전달했으며, 이는 미국 전체 인구수와 비슷하다. 그 결과 1억 명 이상 산모들과 아이들을 모자파상풍으로부터 지켜냈다. 뿐만 아니라 조산사를 파견해 외진 지역에 거주하는 산모들에게도 예방접종에 대한 교육과 깨끗한 분만환경의 중요성을 교육하고, 스스로 모자파상풍을 예방할 수 있도록 돕고 있다.

P&G는 더 나아가 캠페인으로 문제를 지역사회에 알리고 기업과 지역사회의 동참으로 문제를 해결하기 위해 노력했다. 그래서 실시한 것이 이른바 '원 팩 원 백신(One Pack=One Vaccine)'으로 명명된 캠페인이다.

소비자들의 제품 구매를 기부와 연결시켜 전체적인 판매 증진을 도모하려는 구상이었다. 실제로 팸퍼스를 구매하는 젊은 엄마 소비자들의 뜨거운 호응이 기폭제 역할을 했다. 일회용 기저귀 한 팩을 구매할 때마다 예방주사 1인분을 제공하는 기부 방식이다. 이에 대한 주부들의 반응이 다른 어떤 기부 방식보다 적극적이고 호의적인 것으로 나타났다.

당시 소비자들은 단골 브랜드를 바꾸고 추가 비용을 지불하더라도 기꺼이 동참하고 싶다는 반응을 보였다. 단지 자신의 아이에게 필요한 기저귀를 구매할 뿐인데도 그것으로 다른 아이의 생명까지 구할 수 있다는 점이 젊은 엄마들의 감성을 파고든 것이다.

2008년 팸퍼스의 주요 시장인 북미 지역에서만 이 캠페인으로 총 4,500만 명 분의 파상풍 백신 기부금이 모아졌다. 그만큼 저개발국 산모와 신생아들의 소중한 생명을 지킬 수 있었던 셈이다.

P&G의 이 캠페인은 단일 브랜드가 실행한 마케팅 캠페인으로는 사상 최대 규모 중 하나로 평가되고 있다. P&G는 앞으로도 모자파 상풍의 완전한 퇴치를 위해 유엔아동기금과의 공동 캠페인을 지속적으로 펼쳐나간다는 방침이다.

P&G는 마케팅으로 시작해 공적 가치를 창조해냈다. 기업의 존재 목적은 고객가치를 창출해내는 것이다. P&G는 지역사회의 도움과 소비자의 마음을 함께 해결할 수 있는 마케팅을 펼쳐 수많은 산모와 신생아들의 소중한 생명을 지킬 수 있었다.

지역사회의 문제들은 기업과 지역사회 그리고 개개인들의 노력이 함께 이루어졌을 때 비로소 큰 효과를 일으킬 수 있다. 그런 점에서 P&G는 훌륭한 사례라 할 수 있다. 기업이 지역사회 문제에 관심을 가질 때, 또 그 안에 공적인 가치가 들어갔을 때 우리 사회의 곳곳에 숨겨진 문제들이 해결될 수 있다.

"순혈주의는 종의 종말을 가져온다"

유전적으로 순혈주의는 종의 종말을 가져온다. 유전적 특질이 같은 근친 간의 결합은 열성 유전자를 강화하고 결국 종의 다양성을 저해해서 인류는 오래 전부터 근친상간을 금기했다. 그래서 생명체는 본능적으로 유전적으로 보다 먼 특질을 가진 개체와 결합하고자 한다. 그것이 종족을 유지하고 번성하는 데 유리하기 때문이다. 유전적 다양성이 확보되지 못한 종들은 자연계의 원리에 따라 이미 멸종되거나 보호 대상이 되어 있다. 이는 동물과 식물의 세계에서 모두 그렇다. 유전적으로 거리가 먼 개체와의 결합이 생명체의 유전적 특질을 다양화한다. 자연 생태계의 다양성은 서로 유전적 특질이 다른 개체의 결합이 촉진되는 환경에서 일어난다. 이것이 자연의 원리다.

사회 생태학적으로 각 기관들이 내적인 기능만으로 반복될 때 지나친 분화와 기능 분립으로 건강함이 사라지고 사회 구성원이 가진 변화와 동떨어진 사고와 생리를 갖게 된다. 우리가 가끔 어처구니없는 기업이나 기관의 모습을 볼 때 그 조직이 얼마나 사회적 흐름과 고립되어 존재했는지 경악스럽게 보게 된다.

모두를 위한 새로운 패러다임으로

이 책은 우리 사회에서 유전적인 특질이 다른 기관들과 다양한 교류와 협력이 일어나야 한다는 것을 주장한다. 최근 들어 우리나라에서도 공무원과 기업이 서로 협력해서 국가 자원의 공급망을 관리하거나, 지자체와 지역의 민간 기업이 협력해 지역 단위의 위기를 극복하는 사례들이 나오고 있는 것은 환영할 만한 일이다. 특정 지역에 유통 업체가 입점할 때 민간단체와 협력해서 교육센터를 공동 운영하는 사례도 늘고 있다. 아파트가 들어서면 건설사에서 커뮤니티센터를 건립하고 운영은 지역 사회단체가 위탁받고, 예산의 일부를 지자체가 지원해 운영하는 사례도 늘어나고 있다.

이런 개방형 협력의 사회가 건강한 사회다. 보다 다양하고 입체성을 가진 사회 기관들이 재생산될 수 있다. 우리 사회에 이전에 없던 독특한 형태로 존재하는 다양한 사회적 기관들이 등장하기를 기대한다. 공급자인가 소비자인가를 넘어 새로운 패러다임을 제시하길 기대한다. 이것이 사회적 생태계의 다양성이다. 이런 개방된 협력으로 우리는 이전과 새로운 세상을 기대할 수 있다. 이 책은 그 중심에서 공적 리더십의 목적성과 방법론을 제시할 수 있기를 바란다.

참고문헌

1장

1. 사회적 가치 이해와 평가. 국가공무원인재개발원_연구개발센터, 2019, p27~28.
2. 사회적 가치와 공공가치에 관한 연구. 사회적가치연구원, 한국행정학회, 2019, p4.
3. 사회적 가치와 공공가치에 관한 연구_한국행정학회, 2019,p32.
4. 신희영(2007). 공적가치의 창출과 공직가치. 서울행정학회, p164.

2장

1. 공공조직의 리더십 무엇이 다른가, 국가공무원인재개발원_연구개발센터,2018.p17.
2. 심덕섭(2003). 21세기의 공공부문 리더십, OECE 사무국 자문관/행정자치부
3. 임성근, 안영훈(2019). 주요국 국가공무원 리더십 교육훈련체계 연구, 한국행정연구원, p3.

5장

1. "스타트업식 혁신 더해 사회적 가치 실현한다!", 〈Platum〉, 2016. 08. 30.
2. "좋은 일자리 일념으로 등록금 털어 옷걸이 만든 청년", 〈세계일보〉, 2019. 06. 13.
3. "노숙인 고용 사회적 기업에서의 사회적 관계와 조직문화의 형성에 관한 연구: 빅이슈. 두손컴퍼니의 사례를 중심으로", 〈리서치게이트〉, 2017. 04.
4. "그라민 다농의 100원짜리 요구르트", 〈이코노믹 리뷰〉, 2015. 06. 23.
5. "요구르트와 함께 판매하는 건강 – 그라민 다농의 사례 알아보기", 〈임팩트 비즈니스 리뷰〉, 2013. 10. 11.
6. "착한 기업이 살아남는다", 〈비즈니스 와치〉, 2017. 05. 22.
7. "기업의 공유가치 창조", 〈식품음료신문〉, 2014. 09. 22.
8. "요구르트 한 컵이 바꿔 놓은 방글라데시 아이들의 삶", 〈티타임즈〉, 2018. 01. 10.
9. "내전에 신음하던 농부들은 이 회사에 경의를 표했다", 〈티타임즈〉, 2019. 05. 03.
10. ko.wikipedia.org. 로버트 무가베 참조.
11. "캠퍼스 매장 열어 학생들에게 다 맡긴 커피회사", 〈충청투데이〉, 2018. 01. 22.
12. "닉 베이어 미 커피 전문점 '삭스비' CEO", 〈한국경제〉, 2018. 05. 03.
13. "대학생들이 사장, 매니저 맡아 운영하는 커피회사", 〈티타임즈〉, 2017. 12. 19.
14. ko.wilipedia.org. 더바디샵 참조.
15. "선착순으로 직원 뽑아 잘 되는 회사", 〈티타임즈〉, 2020. 02. 19.
16. "채용 비용은 교육과 복지에", "선착순으로 직원 뽑아 잘 된 회사", 〈위키트리〉

6장

1. "아빠! 병원 또 언제 가?", 〈메디컬업저버〉, 2015. 03. 28
2. ko.wikipedia.org, 아이데오
3. "[데이비드 켈리] 가장 혁신적인 기업을 혁신하는 기업", 〈Brunch〉, 2017. 12. 11.
4. "막힌 곳이 뚫렸다, 테이프 한 줄에", 〈중앙일보〉, 2015. 01. 29.
5. "디자인 사고는 인간의 문제를 해결하는 발명이다. 'IDEO'", 〈fromA〉, 2017. 06. 24.

6. "빈민도 고객이다…적정기술에 주목하라", 〈노컷뉴스〉, 2012. 05. 28.
7. "가난의 사슬 끊는 법? …빈곤층에 '기술' 팔아라", 〈경향신문〉, 2015. 10. 20.
8. "빈곤 탈출의 통로, 적정기술", 〈디지털타임스〉, 2012. 06. 18.
9. "소외된 90%를 위한 '국경 없는 적정기술'", 〈이투뉴스〉, 2012. 04. 30.
10. "적정기술을 활용한 해외 사회적 기업들", 〈읽는 일상의 기록〉, 2014. 01. 20.
11. "적정기술 인물 파헤치기 1–폴 폴락", 〈We Are the World〉, 2016. 10. 22.

7장   1. "파타고니아 조끼가 뭐길래", 〈Vogue Korea〉, 2020.02.22.
2. "'착한 브랜드' 파타고니아의 진짜 힘은 직원들에 있다",
   〈The PR News〉, 2018.07.04.
3. "옷에 쓰인 '필요 없으면 사지 마' …밀레니얼 노린 거꾸로 마케팅",
   〈중앙일보〉, 2020.01.26.
4. "'파타고니아 조끼가 뭐길래…' 美 월가 혼란", 〈머니투데이〉, 2019. 4. 9.
5. 최인석, 《사회적 가치 비즈니스 착한기업이 세상을 바꾼다》, 지형, 2020. 03. 09.,
   116~117P.p.p/ 159~160p.p
6. "브랜드, 사회 공헌(CRS)을 '브랜딩'하다", 〈FromA〉, 2018. 07. 03.
7. "프라이탁, 감성이 전부일까요? 왜 사람들은 프라이탁을 사는 것일까?",
   〈Brunch〉, 2019. 05. 10.
8. "친환경 사회적기업 프라이탁이야기", 〈신나는조합〉, 2014. 06. 26.
9. "프라이탁–어떤 회사인가", 〈Beyond CSR〉, 2018. 09. 20.
10. "'착한 아이스크림' 벤앤제리스 한국 공식진출", 〈신아일보〉, 2019. 09. 19.
11. "지구에서 가장 잘 팔리는 아이스크림 '벤앤제리스'", 〈아시아경제〉, 2020. 05. 08.
12. "'벤앤제리스' 한국 진출 최고급 천연아이스크림–사회적 가치 추구",
    〈한국면세뉴스〉, 2019. 09. 19.
13. "벤앤제리스, 뉴오리진, 오뚜기 등 '사회적 가치' 적극 실현하는 기업",
    〈디지틀조선일보〉, 2019. 10. 01.
14. "〔벤앤제리스〕 말 한마디로 연 매출 40억 달러 기업 이긴 사연은?",
    〈NAVERpost〉, 2019. 11. 27.
15. "〔DHL 50주년 특집〕 DHL 물류 혁신의 50년", 〈DHL 공식블로그〉, 2019. 05. 09.
16. "DHL코리아, 2025년까지 탄소배출 50% 감축", 〈매일경제〉, 2018. 10. 31.
17. "지금 당장, 쉽고 빠르게 플라스틱 쓰레기를 줄이는 방법–플라스틱 플래닛",
    〈충청남도 공익활동 지원센터〉, 2018. 03. 24.
18. 플라스틱 플래닛 홈페이지 〈http://aplasticplanet.com/〉
19. 에코플라자 홈페이지 〈https://www.ekoplaza.nl/〉

20. "코로나19로 재활용 폐기물 급증, 환경부 '폐기물 대란' 차단에 총력",
〈BUSINESSPOST〉, 2020. 06. 02.
21. "세계 최초 플라스틱 없는 '친환경 얼굴가림막' 판매 시작",
〈나우뉴스〉, 2020. 06. 04.

8장 1. "기업이 NGO보다 더 큰 역할을 할 수 있다" 〈티타임즈〉 2019. 05. 03.
2. ko.wikipedia.org, 로버트 무가베
3. ko.wikipedia.org, 티치 포 아메리카
4. "배움을 나눕니다-티치 포 아메리카(TFA)", 〈Magazine7C〉, 2012. 04. 05.
5. 티치 포 아메리카 홈페이지, 〈https://www.teachforamerica.org/〉
6. "인기 슈퍼마켓 트레이더 조가 꽁꽁 숨기고 있는 비밀",
〈Nyculturebeat〉, 2019. 09. 03.
7. "'마트는 이래야 한다' 통념을 깬 마트", 〈티타임즈〉, 2017. 09. 22.
8. "주거문제 해결에 팔 걷어붙인 해외 스타트업", 〈Venturesquare〉, 2020. 03. 20.
9. "빈집으로 주거 문제를 해결하다! '로위 가디언스'", 〈Bizion〉, 2017. 11. 08.
10. "빈집주인은 불법점유 벌금 해결, 청년들은 주거 해결", 〈티타임즈〉, 2017. 09. 06.
11. "빈집 공포, 한국의 빈집이 늘어나고 있다!", 〈1boon〉, 2019. 09. 03.

9장 1. 자일스 루리, 《미쉐린 타이어는 왜 레스토랑에 별점을 매겼을까》, 윤태경 옮김,
중앙books, 2018
2. "세계에서 가장 '착한 초콜릿'을 아시나요?", 〈1boon〉 2019. 11. 27.
3. "네덜란드의 '국민 초콜릿'은 어떻게 전 세계를 사로 잡았나",
〈Realfoods〉, 2019.12.14.
4. "'공정'과 '성공' 둘 다 잡은 '토니스 초콜릿", 〈티타임즈〉, 2019.11.15.
5. "뉴발란스, 110년 역사의 비밀", 〈Hanwha〉
6. "러닝화에 기능성을 입힌 혁명, 뉴발란스(NEWBALANCE)",
〈미래에셋대우WebZine〉, 2019. 08.
7. "'기업에도 인격이 있다' 100년 기업 '뉴발란스' 이야기",
〈아시아경제〉, 2014. 04. 24.
8. "운동화에 담긴 뉴발란스 이야기 '뉴발란스는 어떻게 100년 기업이 되었는가?'",
〈Horizon오다보니〉, 2014. 08.15.
9. "걷기, 두 발로 사유하는 철학", 〈매일경제〉, 2014.04.25.
10. 라젠드라 시소디어, 《위대한 기업을 넘어 사랑받는 기업으로》, 권영설-최아라 옮김,
럭스미디어, 2008. 02. 20.
11. "치매환자 천국 치매마을 해외 운영사례는 어떨까?", 〈디멘시아뉴스〉, 2018.10.16.

12. "치매환자 152명이 자유롭게 생활하는 치매마을 '호그벡'", 〈헬스조선〉, 2017. 12. 9.
13. "서울 용산구, '치매안심마을 2년 뒤 준공'", 〈YTN〉, 2019. 02. 11.
14. "'환자'와 '자물쇠' 없는 치매마을… '존엄한 노후'가 있다,"
    〈여성신문〉, 2018. 12. 06.
15. "'치매노인들과 함께 술 한잔' 네덜란드 호그벡마을 가보니…",
    〈매일경제〉, 2019. 10. 30.
16. "마트 가고 펍 가는 치매노인… 여기는 '병원' 아닌 '마을'이에요",
    〈한겨레〉, 2018. 11. 02.
17. "고령화는 또다른 기회… '공유가치' 창출 유한킴벌리", 〈머니투데이〉, 2017. 11. 27.
18. "유한킴벌리, 시니어사업 확대, CSVPlatform", 2015. 08. 03.
19. "CSR에서 CSV까지, 더 나은 생활을 향한 믿음", 〈Ceonews〉 2018. 06. 05.

10장   1. "기업의 핵심가치, 존슨앤존슨의 우리의 신조(Our Credo)", 〈대경일보〉, 2015. 03.
          04.
       2. "윤리경영의 귀감 '존슨앤존슨'", 〈아이투자〉, 2004. 10. 25.
       3. "〈추왕훈의 데자뷔〉 '타이레놀 위기'와 존슨앤드존슨의 신조",
          〈연합뉴스〉, 2016. 09. 16.
       4. "제조원까지 공개하는 '에버레인'의 과격한 투명경영", 〈아시아경제〉, 2019. 06. 04.
       5. "투명해도 괜찮아, 에버레인", 〈Brunch〉, 2018. 12. 01.
       6. "[한국에는 없는 미국의 상점들] 원가 구성 공개하는 온라인 의류 브랜드 '에버레인'",
          〈Company〉, 2019. 03. 23.
       7. 최인석, 《사회적 가치 비즈니스 착한 기업이 세상을 바꾼다》, 지형, 2020. 03. 09.
          125~127p.p
       8. en.wikipedia.org, Pew Research Center, 2020. 06. 21.
       9. Pewresearch.org, Our history
      10. "철학을 파는 라이프스타일 브랜드들(2)", 〈Publy〉
      11. "슈퍼마켓, 타깃층 뚜렷하지 않아 홀푸드는 친환경 소비자 공략해 차별화",
          〈Weekly Biz〉, 2019. 03. 15.
      12. ko.wikipedia.org, 홀푸드마켓, 2020. 05. 01.

11장   1. "4조원 스타트업의 비결", 〈경불진 이피디의 경제공부방〉, 2019. 11. 26.
       2. "[배운철의 창업전략] 스타트업 창업과 기업문화",
          〈STARTUP TODAY〉, 2018. 08. 27.
       3. "4조원 스타트업의 비결", 〈티타임즈〉, 2016. 08. 23.
       4. "Slack, 가장 효율적인 커뮤니케이션을 위한 노력", 〈Interbrand〉

5. "[CEO인사이트 버터필드 슬랙 대표의 공감능력]", 〈매일경제〉, 2019. 06. 27.

6. "회사 팔려다 불안발작 온 CEO가 만든 행복한 회사", 〈티타임즈〉, 2018. 10. 02.

7. "사랑받는 기업 3. 컨테이너 스토어", 〈Zero Sum Game〉, 2011. 10. 11.

8. "[한국에는 없는 미국의 상점들] 수납용품 전문점 더 컨테이너 스토어", 〈이코노믹 리뷰〉, 2018. 05. 19.

9. "수납용품만 팔며 40년 지속성장…'행복한 직원'이 단골 늘렸다", 〈한국경제〉, 2015. 03. 13.

10. "컨테이너 스토어에게서 배우는 신뢰경영", 〈정연식 코치의 커피애앤라이프〉, 2017. 06. 27.

11. "블랙프라이데이에 문 닫았더니 350% 성장한 의류 회사, 그 이유는?", 〈1boon〉, 2019. 07. 31.

12. "블랙프라이데이를 거부하기로 한 REI", 〈블랙프라이데이 매치〉, 2015. 11. 17.

13. "아웃도어용품 전문점 REI 블랙프라이데이 때 문 닫아", 〈라이도코리아 뉴스〉, 2015. 11. 10.

14. "[미국] 누구나 아웃도어를 누릴 수 있도록 : 아웃도어장배소매협동조합 REI", 〈서울시협동조합지원센터 공식블로그〉, 2019. 10. 01.

15. "매장서 와인 팔려면 공부를 해야지, 자네 프랑스 다녀오게", 〈중앙일보〉, 2018. 01. 28.

16. "손님보다 직원이 더 귀한 줄 알아서 성공한 마트", 〈중앙일보〉, 2017. 04. 20.

17. "웨그먼스 : 직원 귀한 줄 알아서 성공한 마트 – 기업문화, 직원관리", 〈헬스와이즈〉, 2017. 03. 23.

12장 1. "공급사슬의 지휘자, 리앤펑", 〈쉬퍼스저널〉, 2013. 08. 26.

2. "세계 최대 아웃소싱업체 '리앤펑' 빅터 펑 회장", 〈조선비즈〉, 2009. 05. 23.

3. "'이익+사회공헌' 공유가치를 창출하라", 〈동아 비즈니스 리뷰〉, 2011. 08.,

4. "COTTON USA, 파리에서 코튼을 알리다", 〈국제섬유신문〉, 2017. 08. 28.

5. cottonusa.org. 참조

6. "'면화'는 어떻게 유럽의 운명을 뒤바꾸었는가", 〈휴머니스트〉, 2018. 11. 14.

7. "협동조합할려면 스페인 '몬드라곤'처럼 하라", 〈한국경제매거진〉, 2016. 02. 15.

8. "스페인의 몬드라곤", 〈고용노동부 공식 블로그〉, 2013. 06. 05.

9. "스페인 몬드라곤 협동조합 '대기업과 경쟁하는 협동조합'", 〈당진시대〉, 2017. 11. 12.

10. 신문기사: 고용창출 사례: 스페인 몬드라곤 협동조합, 월간 노동리뷰, 2013. 06, p.47~60

13장   1. "테슬라와 오픈소스", 〈매일경제〉, 2014. 06. 16.
       2. "특허를 공개하는 기업은? 테슬라 전기차 판을 키우자···오픈소스 공개",
          〈CAR GUY〉, 2016. 12. 21.
       3. "테슬라의 특허 기술 공개, 오픈소스와 다른 '제3의 방식'", 〈IT조선〉, 2014. 06. 13.
       4. 정지훈, 《미래자동차 : 모빌리티 혁명, 메디치》, 2017.
       5. "실리콘밸리 사람들은 어떤 운동화를 신을까? -올버즈",
          〈퇴사준비생의 여행〉, 2020. 02. 19.
       6. "세상에서 가장 편한 신발 올버즈 성공을 이끄는 6가지 인사이트"
          〈꿈꾸는 섬〉, 2018. 05. 25.
       7. 최인석, 《사회적 가치 비즈니스 착한 기업이 세상을 바꾼다》, 지형, 2020. 03. 09.,
          110~111p.p
       8. "광고 대신 환경, 인권 캠페인하는 '러쉬', 사회공헌을 브랜딩하다",
          〈아시아경제〉, 2019, 07, 17.
       9. "브랜드, 사회 공헌을 '브랜딩'하다" 〈From A〉, 2018. 07. 03.
      10. "환경, 동물, 인권의 테마 극단적 실천 화장품 넘어 '체험적 윤리'를 판매한다",
          〈동아 비즈니스 리뷰〉, 2015. 07.
      11. "소비자들에게 '진정성'을 보여줘라", 〈소비자평가〉, 2019. 01. 09.

14장   1. "고령화된 농촌을 살린 일본 유통기업 '이온'", 〈1Boon〉, 2019. 05. 12.
       2. "노인만 남은 농촌에 신입사원 뽑아주는 회사", 〈티타임즈〉, 2018. 01. 24.
       3. ko.wikipedia.org. 이온그룹 참조.
       4. "농부들은 종이회사 더블에이 덕분에 14배를 더 벌었다", 〈티타임즈〉, 2017. 12. 27.
       5. "'명품 복사지 왕국' 태국 더블에이···매년 수많은 나무 베어내면서 최고의 친환경
          기업 된 까닭은", 〈조선비즈〉, 2012. 04. 02.
       6. doubleapaper.com 참조.
       7. "더블에이 역사를 파헤쳐보자!" 〈지나의 블로그〉, 2013. 09. 06.
       8. "아프리카 산모들이 이 회사의 기저귀를 사는 이유", 〈인터비즈〉, 2020. 07. 03.
       9. "P&G 팸퍼스, 유니세프와 질병 근절 캠페인 공동 진행", 〈서울경제〉, 2017. 04. 28.
      10. "고객들 감성 자극해 '저개발국 슬픔' 해소", 〈이코노미조선〉, 2013. 05. 01.